Im Urbeginn war das Wort

Rudolf Steiner

IM URBEGINN WAR DAS WORT

Die Entwicklung des Menschen
im Licht des *Johannes-Evangeliums*

Der Wortlaut der in den *Rudolf Steiner Ausgaben* gedruckten Vorträge Rudolf Steiners geht auf die ursprünglichen Klartextnachschriften und Erstdrucke zurück, unter Berücksichtigung der danach erfolgten Veröffentlichungen.

2. Auflage 2021

Herausgeber: Rudolf Steiner Ausgaben
(Monika Grimm, Bad Liebenzell)
Redaktion: Pietro Archiati, Bad Liebenzell
Korrektorat: Ute von Herrmann, Stuttgart
Druck: GGP Media GmbH, Pößneck

ISBN: 978-3-86772-030-4

Rudolf Steiner Ausgaben e. K.
Burghaldenweg 37 · D-75378 Bad Liebenzell
Telefon: (07052) 935284 · Telefax: (07052) 934809
anfrage@rudolfsteinerausgaben.com
www.rudolfsteinerausgaben.com

Inhalt

ELF VORTRÄGE
gehalten in Hamburg vom 18. bis 31. Mai 1908

3. Vortrag (20.5.1908)

Die Mission der Erde

Die Liebe, die nur die Freiheit kennt

S. 47

- Auf der Erde verwandelt sich ein Kosmos der Weisheit in einen Kosmos der Liebe. Lieben kann nur jemand, der selbstständig ist und in Freiheit handelt *S. 47*
- Der Mensch empfängt die Liebe: in der Nacht vom Geist des Mondes, am Tag vom Geist der Sonne. Der Sonnengeist wird in Jesus von Nazareth für die Sinne wahrnehmbar, für das Denken denkbar *S. 58*

4. Vortrag (22.5.1908)

Die Auferweckung des Lazarus

Von der Gruppen-Seele zum Ich-Geist

S. 69

- Das Johannes-Evangelium wird durch die Auferweckung des Lazarus in zwei Teile geteilt – durch den Übergang von der alten zur neuen Einweihung *S. 69*
- Johannes der Täufer ist ein «Rufer in der Einsamkeit» des selbstständig werdenden Ich *S. 77*
- Im Prolog (Vorwort) ist die gesamte Entwicklung in fest umrissenen Sätzen zusammengefasst *S. 86*

5. Vortrag (23.5.1908)

Die Hochzeit zu Kana

Die Mission des Alkohols und das Ich

S. 93

- Nur wer wie Nathanael sich im Geistigen auskennt, kann den Christus in dem Jesus erkennen *S. 93*
- Die Hochzeit zu Kana schafft den Übergang von der Liebe aus dem Blut zur Liebe aus der Freiheit heraus *S. 99*
- Der «Christus» spricht das ganz Individuelle in jedem Menschen an – so mit der Samariterin *S. 111*

6. Vortrag (25.5.1908)

Das Gespräch mit Nikodemus

Die Geburt aus Wasser und aus Luft

S. 117

- Der Mensch ist während der lemurischen, der atlantischen und der nachatlantischen Zeit wirklich «aus Wasser und Luft» geboren worden *S. 117*
- Der Christus gebraucht, um verstanden zu werden, die Fachausdrücke von damals: «Menschensohn», «Schlange», «Manna», «Brot des Lebens» *S. 130*

7. Vortrag (26.5.1908)

Das Mysterium von Golgota

Wie die Erde beginnt, eine Sonne zu werden

S. 137

- Mit seinem Tod und seiner Auferstehung macht der Geist der Sonne aus der Erde seinen Leib – eine geistes- und naturwissenschaftliche Tatsache *S. 137*
- Alles Körperliche wird durch den Christus geheilt und vergeistigt – so beim Blindgeborenen. Das Richten, das Ausgleichen des Karmas, wird der Erde überlassen – so mit der Ehebrecherin *S. 145*

8. Vortrag (27.5.1908)

Die Zeit nach der Sintflut

Der Niederstieg in die Welt der Materie

S. 157

- Nach der Sintflut entsteht die Religion, weil der Mensch das Erlebnis der geistigen Welt verloren hat. Die altindische Kultur erlebte die sinnliche Welt als Illusion *S. 157*
- In der dritten Kulturperiode kündet sich der Materialismus an, der sich in unserer fünften wiederholt. In der griechisch-römischen Kultur erscheint «zeitgemäß» der göttliche Geist als menschliche Persönlichkeit *S. 166*

9. Vortrag (29.5.1908)

Die Entwicklung des Menschen

In der fortschreitenden Eroberung der Erde

S. 175

- Der Mensch ergreift während der nachatlantischen Zeit immer mehr seine Aufgabe in der Welt der Materie zur Erlangung des Ich-Bewusstseins *S. 175*
- Der griechische Tempel ist das Wohnhaus der Gottheit. Im Erleben des Gleichgewichts zwischen Innen- und Außenwelt konnte der damalige Mensch den menschgewordenen Logos verstehen *S. 183*

10. Vortrag, 1. Teil (30.5.1908)

Die drei Tage der Hochzeit

Zwischen Menschenseele und Gottesgeist

S. 191

- Die Körper- und Seelenglieder des Menschen werden zu Trägern des Ich. Das Ich verbindet sich mit der allgemeingültigen Weisheit und stiftet Harmonie und Frieden in der ganzen Menschheit *S. 191*
- Drei große «Tage» dauert die «Ehe» der Seele des Menschen mit dem Geist. Der 1. Tag geht bis zur Menschwerdung des Logosgeistes; am 2. Tag steigt das Christentum in die Tiefen des Materialismus; am 3. Tag feiert der Mensch die Ehe mit dem Geist *S. 200*

10. Vortrag, 2. Teil (30.5.1908)

Die sieben Stufen der Einweihung

Von der Fußwaschung bis zur Himmelfahrt

S. 208

- Die Verbindung mit der Materie hat die Menschheit zersplittert, jetzt strebt sie wieder zur Einheit *S. 208*
- Die christliche Einweihung besteht aus sieben umfassenden Gefühlserlebnissen *S. 213*

18. Mai 1908

I

Wir haben es im Joh. Evangelium in der Tat mit einem wichtigsten theosophischen Gegenstand zu tun. Es ist immer gut in einem theosophischen Zweige in einer Reihe von Vorträgen im Zusammenhang über ein solches Thema sprechen zu können, weil man in Bezug auf unser Thema in manchen Dingen feine Einzelheiten erst in erschöpfender Weise in einer längeren Reihe von Vorträgen zur Sprache bringen kann.

Diese Vorträge über das Joh. Evang. werden ein doppeltes Ziel haben: das eine soll sein, die theosophischen Begriffe als solche nach der einen Seite hin zu erweitern und zu vertiefen und das andere Ziel soll sein grade durch die theosophischen Vorstellungen die sich uns im Joh. Evangelium vor die Seele stellen, diese große Urkunde selber uns nahe zu bringen. Es soll sich nicht blos handeln um Auseinandersetzungen über das Joh. Evangl. sondern an seiner Hand wollen wir eindringen in tiefe Geheimnisse und wir wollen durchaus festhalten wie eine theosophische Betrachtungsweise sein muß, wenn sie anknüpft an diese großen religiösen Urkunden, die uns überliefert sind. Man könnte glauben, wenn der Theosoph über das Joh. Evangel. spricht, er wolle einfach die Wahrheiten um die es sich handelt, in dem Sinne, wie es oft

Erster Vortrag

Das Johannes-Evangelium

Zwischen Theologie und Geisteswissenschaft

Hamburg, 18. Mai 1908

Meine lieben theosophischen Freunde!

Wir haben es im Johannes-Evangelium mit einem wichtigsten theosophischen Gegenstand zu tun. Es ist immer gut, in einem theosophischen Zweig in einer Reihe von Vorträgen im Zusammenhang über ein solches Thema sprechen zu können, weil man in Bezug auf unser Thema in manchen Dingen feine Einzelheiten in erschöpfender Weise erst in einer längeren Reihe von Vorträgen zur Sprache bringen kann.

Diese Vorträge über das Johannes-Evangelium werden ein doppeltes Ziel haben. Das eine soll sein, die theosophischen Begriffe als solche zu erweitern und zu vertiefen, und das andere Ziel soll sein, gerade durch die theosophischen Vorstellungen, die sich im Johannes-Evangelium vor die Seele stellen, uns diese große Urkunde selbst nahezubringen. Es soll sich nicht bloß um Auseinandersetzungen über das Johannes-Evangelium handeln, sondern an seiner Hand wollen wir in tiefe Geheimnisse eindringen.

Wir wollen daran festhalten, wie eine theosophische Betrachtungsweise sein muss, wenn sie an diese großen religiösen Urkunden anknüpft, die uns überliefert sind. Man könnte glauben, wenn der Theosoph über das Johannes-Evangelium spricht, er wolle einfach die Wahrheiten, um die es sich handelt, in dem Sinne herausschöpfen, wie es oft geschieht, und sich auf die Autorität der religiösen Urkunde stützen. Das ist aber nicht die Aufgabe der theosophischen Betrachtungsweise, die anders sein muss. Wenn die Theosophie ihre Aufgabe gegenüber dem modernen Menschen erfüllen will, muss sie zeigen, dass der Mensch, wenn er die Fähigkeiten des geistigen Wahrnehmens gebraucht, in die Geheimnisse des Daseins und in all das, was verborgen ist, eindringen kann, dass er durch eigene Erkenntnis zu den Kräften und Wesenheiten des Universums vordringen kann.

Wir müssen den Menschen immer mehr die theosophische Betrachtungsweise nahebringen. Wir müssen daran festhalten, dass die Geheimnisse des Daseins von jedem Menschen gewonnen werden können, unabhängig von jeder Urkunde, von jeder Überlieferung und Tradition. Ich möchte das in extremer Weise aussprechen.

Nehmen wir an, durch irgendetwas gingen alle religiösen Urkunden der Menschheit verloren und die Menschen behielten nur die Fähigkeiten, die sie heute haben, so könnten sie dennoch dahin dringen, wo die schaffenden Kräfte und Wesenheiten hinter der sinnlichen Welt verborgen sind. Sie können in die Geheimnisse des Daseins eindringen. Die Theosophie muss immer auf diese Erkenntnisquelle der Menschheit bauen.

Wenn der Mensch unabhängig von allen Urkunden die göttlich-geistigen Geheimnisse der Welt erforscht und dann an diese religiösen Urkunden herangeht, dann erst erkennt er sie in ihrer vollen Wahrheit und in ihrem tiefen Wert. Er sieht in ihnen das, was er selbst sich zum Eigentum gemacht hat. Wer diesen Weg einschlägt, der kann sicher sein, dass diese Urkunden auf diesem Weg weder an Wert verlieren können noch an Ehrfurcht, die man ihnen gegenüber haben kann.

Wenn wir uns das an einem Vergleich klarmachen wollen, denken wir an Euklid, der zuerst die Geometrie, die heute jedes Kind lernt, in die Welt gebracht hat. Das Lernen der Geometrie ist heute nicht gebunden an das Buch des Euklid. Viele lernen Geometrie, ohne eine Ahnung zu haben, wie dieses Buch aussieht. Sie lernen die Geometrie unabhängig von diesem euklidischen Buch, weil die Geometrie einer Fähigkeit des Menschengeistes entspricht. Wenn der Mensch nachher dieses euklidische Buch in die Hand bekommt, dann weiß er es erst in der richtigen Weise zu würdigen, denn er findet in ihm dasselbe, was er selbst sich bereits zum Eigentum gemacht hat, und er schätzt es aus diesem Grund umso mehr.

So kann der Mensch heute durch die in ihm schlummernden Kräfte die größten, umfassendsten Wahrheiten finden, ohne etwas vom Johannes-Evangelium zu wissen. Die tiefsten Geheimnisse der geistigen Welt sind den Menschen in diesem Buch gegeben. Wenn ein Mensch diese Geheimnisse selbst gefunden hat und mit diesem höheren Wissen an dieses Buch herantritt, dann sagt er sich: Was liegt hier vor? Die tiefsten Geheimnisse der geistigen Welten sind in ein Buch hineingeheimnisst, in einem Buch sind sie der Menschheit gegeben! Und mit tiefer Ehrfurcht betrachtet er dann ein solches Buch, denn er weiß, dass es die göttlich-geistigen Geheimnisse der Welt sind, die sich da niedergelegt finden. Das wäre erst der richtige Weg, sich einer solchen Urkunde zu nähern und ein solches Buch zu lesen.

Wenn wir vergleichen, wie sich die heutigen Philologen an diese Urkunde heranmachen – denn auch die heutigen Theologen treten zumeist in philologischer Art an sie heran –, und wie die Theosophen sich ihr gegenüber verhalten, so können wir sagen: Die Theologen stehen dem Johannes-Evangelium wie ein Philologe der Geometrie Euklids gegenüber, während die Theosophen sich wie der kundige Geometer ihr gegenüber verhalten. Es ist klar, dass diese bessere Ausleger sein müssen als jemand, und sei er ein noch so guter Philologe, der sich nur mit seinem philologischen Wissen dem Euklid nähert und ihn interpretieren will.

Wer will heute nicht alles das Johannes-Evangelium erklären! Es wird zumeist von solchen philologischen Theologen erklärt. Die Theosophie aber gibt die Erklärung, die mit der Erkenntnis der geistigen Welten selbst an dieses Johannes-Evangelium herangeht. Sie bringt selbst das mit, was man in dieser Urkunde findet. Ebenso, wie andere religiöse Urkunden nicht an Wert und Verehrung verlieren dadurch, dass man erkennt, welche Geheimnisse sie enthalten, so erscheint dem, der in die geistigen Welten eingedrungen ist, das Johannes-Evangelium als das allerbedeutendste Dokument menschlichen Geisteslebens, das die Welt besitzt.

Wir können fragen: Wie kommt es, wenn dem Geistesforscher dieses Evangelium als eine so bedeutende Urkunde erscheint, dass es von der Theologie, also von berufener Seite, mehr in den Hintergrund gedrängt wird? Wir wissen, dass in Bezug auf das Johannes-Evangelium merkwürdige Anschauungen Platz gegriffen haben.

Das war aber nicht immer so. In den ältesten Zeiten des Christentums wurde es verehrt als die bedeutsamste Urkunde über das Wirken des Christus Jesus. Es wäre niemandem eingefallen, es nicht als das wichtigste geschichtliche Denkmal über die Ereignisse in Palästina aufzufassen. Die neue Zeit betrachtet es aber anders, und gerade diejenigen, die da glauben, am festesten zu stehen, haben am meisten den Boden unterwühlt, auf dem die eben charakterisierte Auffassung des Johannes-Evangeliums früher stand.

Seit langer Zeit haben sie angefangen, auf Widersprüche aufmerksam zu machen, die man in den Evangelien findet. Der aufgeklärte Geist der Theologen hat gesagt: Es kommen viele Widersprüche in den vier Evangelien vor; die Angaben in ihnen sind so verschieden, dass man unmöglich glauben kann, dass sie mit den historischen Tatsachen übereinstimmen! In Bezug auf die drei ersten Evangelien glaubt man eine Art Einklang in den Darstellungen zu finden, während das vierte, das Johannes-Evangelium, ganz abweicht. Daher hat es keinen Anspruch auf geschichtliche Glaubwürdigkeit.

Das ist die Meinung derjenigen Theologen, die sich für die fortgeschrittensten halten. Sie sagen: Die ersten drei Evangelien bemühen sich, der Wahrheit gemäß das zu erzählen, was sich zugetragen hat; aber der Verfasser des Johannes-Evangeliums hat diese Absicht gar nicht gehabt! Sie sind der Annahme (Meinung), es sei verhältnismäßig spät, erst im 2. Jahrhundert nach Christus, niedergeschrieben worden. Da sei zwar das Christentum schon ausgebreitet gewesen, aber es habe auch bereits Gegnerschaft gegeben.

Die Verfechter dieser Meinung glauben, in dem Schreiber des Johannes-Evangeliums einen Menschen vor sich zu haben, der bestrebt war, im Johannes-Evangelium sowohl eine Lehrschrift als auch eine Apologie, eine Verteidigung gegen das niederzulegen, was sich im Streit gegen das Christentum als Angriff erhoben hatte. Er wollte in ihm in einer Art religiösen Gedichts ausdrücken, wie er selbst sich zu seinem Christus stellt. Wie in einer lyrischen Stimmung in Bezug auf seinen Christus habe er es niedergeschrieben, um andere für seinen Christus zu begeistern.

Das ist eine weitverbreitete Meinung. Sie kommt der Gesinnung unserer Zeitgenossen recht sehr entgegen. Seit einigen Jahrhunderten hat sich innerhalb der Menschheit, die mehr und mehr zum Materialismus gekommen ist, eine Abneigung gegen eine Auffassung gebildet, wie sie uns gleich im Anfang, in den ersten Worten des Johannes-Evangeliums, entgegentritt. Denken wir, dass die ersten Worte des Johannes-Evangeliums keine andere Erklärung zulassen, als dass in Jesus von Nazareth eine Wesenheit aller-, allerhöchster Art verkörpert war.

Der Schreiber des Johannes-Evangeliums, wenn er beginnt von dem zu sprechen, was er das Wort oder den Logos nennt, kann nichts anderes als sagen: «Dieser Logos war im Urbeginn, und alles ist durch das Wort oder den Logos entstanden.»

Nehmen wir das in seinem vollen Gewicht, in seinem tiefsten Sinn, dann müssen wir sagen: Der Schreiber des Johannes-Evangeliums sieht sich gedrängt, den Urgrund der Welt als Logos, als Wort zu bezeichnen – als das Höchste, wozu sich der menschliche Gedanke erheben kann, als das, wodurch alle Dinge, die um uns herum sind, gemacht sind. Und er setzt fort: Und dieser Logos, dieses Wort, ist Fleisch geworden und hat unter uns gewohnt, und wir haben ihn gesehen und gehört. Das werdet ihr nicht verstehen, wenn ihr ihn nur als Menschen nehmt. Ihr könnt das nur verstehen, wenn ihr denkt, dass es das Prinzip ist, durch das alles gemacht ist, was um uns herum ist, und das im Fleisch unter uns gewohnt hat.

Der Schreiber des Johannes-Evangeliums setzt voraus, dass ein Prinzip allerhöchster Art sich in das Fleisch gesenkt hat. Vergleichen wir dies mit dem, was heute manche Theologen sagen und was wir in den verschiedensten Ausdrucksweisen hören können. Sie sagen: Wir appellieren nicht mehr an ein übermenschliches Prinzip; uns ist der Jesus der drei ersten Evangelien am liebsten! Der «schlichte Mann von Nazareth»* ist das Ideal und der Zielpunkt für viele Theologen. Eine Abneigung ist eingerissen gegen alles, was über das Alltäglich-Sinnliche hinauswächst. Man versucht, alles möglichst gleich darzustellen.

Es geniert die Menschen, dass etwas so turmhoch über den Menschheitsdurchschnitt hinausragen soll. Sie sagen: Wir haben auch den Sokrates, den Platon und den Pythagoras; Jesus ist nur ein Stück höher als diese Philosophen! Das gibt ihnen den Maßstab. Sie sprechen von dem schlichten

Mann aus Nazareth, den man in zahlreichen akademischen Vorträgen finden kann. Was die aufgeklärten Theologen sagen, das hängt mit dem seit Jahrhunderten ausgebildeten materialistischen Sinn der Menschen zusammen – mit dem Glauben, dass nur das Physisch-Sinnliche eine Bedeutung hat.

In den Zeiten, wo der Blick der Menschheit noch zu dem Übersinnlichen hinaufgegangen ist, da konnte sich der Mensch noch sagen: In der äußeren Erscheinung kann der Jesus von Nazareth mit diesen großen Männern verglichen werden; aber in Bezug auf das, was als Geistig-Unsichtbares in dieser Persönlichkeit war, ist dieser Jesus etwas Einzigartiges! Als man aber den Ausblick in das Übersinnliche verlor, da verlor sich auch der Maßstab für eine Persönlichkeit, die man nur mit diesem Maßstab begreifen kann. Die Grundlage für eine solche Auffassung war damit gegeben.

Geben wir uns keiner Täuschung hin: Der Materialismus ist zuerst in das religiöse Leben eingedrungen. Und weit gefährlicher ist der Materialismus in der Auffassung der religiösen Geheimnisse als in der Naturwissenschaft. Wir werden noch über die geistige Auffassung des Abendmahls zu sprechen haben, und wir werden sehen, dass es durch diese Auffassung wahrlich nicht an Wert und Bedeutung verliert. Das war die altchristliche Bedeutung des Abendmahls, die gegolten hat, als in der Menschheit noch mehr spiritueller Sinn war. Dieser auf das Geistige gerichtete Sinn ging verloren in der zweiten Hälfte des Mittelalters. Die altchristliche geistige Bedeutung des Wortes: Dies ist mein Leib, dies ist mein Blut, wurde immer leerer.

Es gab in der Mitte des Mittelalters eine merkwürdige Strömung, die tief in die Seelen Europas eingedrungen ist. Die äußere Geschichte weiß nicht viel davon, denn wie die Seelen sich entwickeln, kann man wenig von der äußeren Geschichte erfahren. Damals ging eine Strömung durch die christlichen Gemüter Europas, während der ehemalige geistige Sinn des Abendmahls von autoritativer Seite eine Umwandlung in grob materiellem Sinn erfuhr. Das hängt mit dem immer tieferen Abstieg der Menschen in das Materielle zusammen. Sie konnten sich das, was früher geistig zu verstehen war – das Fleisch und das Blut des Christus –, nur noch materiell vorstellen.

Ein anderes Beispiel ist nicht weniger bedeutsam: Wir dürfen nicht glauben, dass in irgendeiner der maßgeblichen Erklärungen des Mittelalters das Sechstagewerk, die sechs Tage der Schöpfung, so genommen wurden wie die heutigen Tage. Das wäre keinem eingefallen. Sie haben verstanden, was da steht. Hat es denn einen Sinn gegenüber der Genesis (1. Buch Mose) von einem 24-stündigen Schöpfungstag zu sprechen?

Was heißt ein Tag? Ein Tag heißt das, was in einem gewissen Umlaufverhältnis zwischen Sonne und Erde entsteht. Man kann von einem Tag nur reden, wenn dieses Verhältnis so ist, wie es heute ist. Ein Tag in unserem Sinne kann aber erst vom vierten Schöpfungstag, das heißt vom vierten Zeitraum an festgestellt werden, wenn alles richtig verstanden wird. Von Tagen und Nächten in unserem Sinne kann man nicht sprechen, ehe die Einrichtung derselben erfolgt ist. Für den Anfang der biblischen Urkunde ist die geistige Bedeutung von Tag und Nacht gemeint. Aber für das materialistische Denken der heutigen Menschen ist halt ein Tag ein Tag, wie er heute ist, weil sie nur den kennen.

Dies soll nur eine Probe sein von dem Unterschied in der Stellung zur Bibel zwischen den alten und den neueren Theologen. Die alten Theologen standen fest auf dem Standpunkt: Es steht in der Bibel nichts Unnötiges an wichtiger Stelle. Sie nahmen zum Beispiel auch dieses ganz wörtlich: Im 1. Buch Mose, Kap. 2, Vers 21 heißt es:

> «Da ließ Gott der Herr einen tiefen Schlaf fallen auf den Menschen, und er schlief ein. Und er nahm eine seiner Rippen und schloss die Stelle mit Fleisch.»

Die alten Erklärer legten ganz besonderen Wert darauf. Wir wissen, dass es verschiedene Arten von Bewusstseinszuständen gibt. Der Schlaf ist in unserem heutigen Entwicklungszyklus ein Zustand von Bewusstlosigkeit. Doch das ist vorübergehend, er wird in einen bewussten Zustand übergehen, wo der Mensch leibfrei in die geistigen Welten übergeht und da wahrnimmt, was er im physischen Leib nicht wahrnehmen kann. Adams Schlaf war ein solcher hellseherischer Schlaf. In einem höheren Bewusstseinszustand konnte er die geistigen Welten wahrnehmen. Er erfuhr in ihnen, was er mit gewöhnlichen Sinnen nicht wahrnehmen konnte. Es war der erste solche Schlaf. Adam war früher, als er noch im Schoß der Gottheit wohnte, in einem noch höheren Zustand. Doch das war ein unbewusster Zustand.

Es hat einmal eine ganz spirituelle Erklärung der Bibel gegeben. Der materialistische Sinn hat erst in sie das hineingelegt, was heute in ihr von den aufklärerischen Leuten bekämpft wird. Sie kämpfen gegen etwas, was sie selbst aus der Bibel gemacht haben. Das wahre Verständnis dieser historischen Urkunde ist verloren gegangen. Die Theosophie ist in die Welt gekommen, um dem Menschen die Geheimnisse zu zeigen, die hinter dem physischen Dasein liegen. Hat der Mensch sie gefunden, dann wird er im Besitz der Geheimnisse, die er in dieser Urkunde wiederfindet, ihren tiefen Wert und ihre Wahrheit erkennen.

Der heutige Materialismus ist nur die letzte Phase eines Materialismus, der sich schon vor Jahrhunderten entwickelt hat. Die Leute haben auch die Bibel materialistisch interpretiert. Dadurch sind sie an eine solche Erklärungsweise gewöhnt worden. Wäre die Bibel nicht vermaterialisiert worden, dann hätten wir auch nicht eine solche materialistische Naturauffassung wie die von Ernst Haeckel. Die materialistische Bibelerklärung tritt zuerst im 13., 14. Jahrhundert auf und ihr Same ging im 19. Jahrhundert als materialistische Naturwissenschaft auf.

Das sind die Dinge, die es dem Menschen unmöglich machen, gegenüber dem geistigsten Evangelium zu einem Verständnis zu kommen. Das Johannes-Evangelium zu unterschätzen heißt, es nicht zu verstehen. Und weil diejenigen, die es nicht verstehen, von der materialistischen Gesinnung angekränkelt sind, erscheint es ihnen von den drei Synoptikern abweichend.

Denken wir uns, dass auf einem Berg drei Menschen auf einer gewissen Höhe sich befinden. Jeder zeichnet von seinem Standpunkt aus das, was er vor sich sieht. Drei verschiedene Bilder der Landschaft werden da entstehen, von denen ein jedes wahr ist. Ganz oben auf dem Gipfel steht aber noch ein vierter Mensch, der ebenfalls das Bild zeichnet, das er vor sich sieht. So müssen wir uns das Verhältnis der drei Synoptiker zum Johannes-Evangelium denken, das nur von einem höheren Standpunkt aus schildert.

Was alles haben gelehrte Erklärer herbeigetragen, um das Johannes-Evangelium zu erklären! Die Lehre von dem fleischgewordenen Logos gleich am Anfang bereitet den Theologen heute die größten Schwierigkeiten. Sie möchten gerne, dass alles so einfach, so schlicht wie möglich ist. Und da wird von so hohen philosophischen Dingen gesprochen – von dem Logos, der das Leben und das Licht ist! Da fragen sie: Woher hat der Johannes das?

Die Leute wollen überall wissen, woher dieses und jenes «Motiv» stammt. Sie sagen: Die anderen Evangelien geben einfache, schlichte Erzählungen, die zu dem schlichten Menschenverstand sprechen, aber derjenige, der das Johannes-Evangelium geschrieben hat, war ein griechisch gebildeter Mensch, der sich von dem griechischen Philosophen Philon hat beeinflussen lassen; Philon spricht auch von Logos: Johannes hat dieses Wort aufgegriffen und es in sein Evangelium hineingeheimnisst; er hat nicht die Tradition bewahrt, sondern er hat den philonischen Logos in den Eingang seines Evangeliums hineinspielen lassen; es enthält den Geist des Philon!

Da möchte ich den Anfang des Lukas-Evangeliums vorlesen (Lukas 1, 1-2):

> «Viele haben es schon unternommen, Bericht zu geben von den Geschichten, die unter uns geschehen sind, wie uns das überliefert haben, die es von Anfang an selbst gesehen haben und Diener des Worts gewesen sind.»

Hier steht, dass derjenige, der erzählt, die Überlieferungen der Augenzeugen und der Diener des Logos – des Wortes – erzählen will. Sonderbar, dass wir zeigen können, dass auch der schlichte Mann Lukas vom Logos spricht, ohne dass von ihm wie von Johannes gesagt werden kann, dass er von der alexandrinischen Philosophie beeinflusst ist! Solche Dinge sollten die Autoritätsgläubigen zum Nachdenken bringen. Das sind die Vorurteile, die aus der materialistischen Gesinnung fließen. Die materialistische Brille ist es, die die Auffassung bringt, dass das Johannes-Evangelium in der charakterisierten Weise aufzufassen sei.

Vom Logos zu sprechen, war den Leuten in den alten Zeiten vertraut. Wovon sprach der Mensch, der damals das Wort «Logos» gebrauchte? Aus welchem Geist heraus ist das Johannes-Evangelium geschrieben? Nicht durch abstrakte, theoretische Erkenntnis kommen wir zum Verstehen des Logos-Begriffs. Wir müssen uns in das Gemüts- und Empfindungsleben der Menschen hineinversetzen, die vom Logos gesprochen haben. Auch sie haben in die umliegende Welt hinausgeschaut und die Dinge um sich herum gesehen. Es kommt aber darauf an, wie der Mensch die Empfindungen seines Herzens und seines Gemütes mit dem zusammenknüpft, was er in seiner Umwelt hört und sieht.

In der Natur unterscheiden sich höher und niedriger stehende Reiche. Die Mineralien stehen am niedrigsten, die Pflanzen stehen höher, die Tiere noch höher und am höchsten steht der Mensch. So unterscheiden wir auch Menschen, die vollkommener sind, von solchen, die weniger vollkommen sind. Die Menschen stehen in den verschiedenen Zeiten höher oder niedriger in ihrem Fühlen und Empfinden.

Diejenigen, die im Sinne des Johannes-Evangeliums sprachen, empfanden in den Reichen der Schöpfung etwas sehr Bedeutsames. Sie sahen hinab zum Tier und ließen den Blick bis hinauf zum Menschen schweifen, wenn sie die Reiche der Schöpfung verfolgten. Sie sagten sich: Eines stellt am tiefsten den Vorzug des Menschen vor dem Tier dar – das ist die Fähigkeit, die Gedanken im Wort der Umwelt mitzuteilen. Sie sagten: Sieh das niedere Tier an, es ist ein stummes Wesen, das keinen Ausdruck für seinen Schmerz und seine Lust finden kann! Denn die Töne, die zum Beispiel die niederen Insekten hervorbringen, wenn sie zischen, das sind mechanische Töne, das sind keine Töne, die das Innenleben wiedergeben. Es sind äußere Töne, wie sie zum Beispiel ein Hammer auch machen kann.

Je höher wir kommen, desto mehr entwickelt sich die Fähigkeit, dass sich das Innere im Tönen manifestiert und die Seele sich nach außen mitteilt. Der Mensch steht unter den anderen Wesen so hoch, weil er nicht nur durch Tönen, sondern durch das *Wort* nach außen mitteilen kann, nicht nur, was eigenes Innenleben in Lust und Schmerz ist, sondern auch das, was nicht persönlich ist. Das Geistig-Unpersönliche in Worte zu fassen, die den Gedanken ausdrücken, vermag allein der Mensch.

Der Bekenner der Logos-Lehre sagte sich: Es gab eine Zeit, bevor das menschliche Wesen in seiner jetzigen Gestalt da war. Die Erde hat sich durch die verschiedensten Zustände hindurch entwickelt. Wenn wir dieselben prüfen, finden wir am Anfang noch nicht den Menschen in seiner jetzigen Gestalt. Wir finden noch kein Wesen, das von innen heraus ertönen kann. Mit stummen Wesen beginnt unsere Welt und erst nach und nach erscheint das Wesen, das seine innersten Erlebnisse nach außen ertönen lassen kann, das des Wortes mächtig ist.

Aber das, was in der Menschheit am spätesten erscheint, das war in der Welt am frühesten da. Der Mensch war zuerst in unvollkommener, stummer Gestalt da. Er hat sich nach und nach bis zum wortbegabten Wesen, bis zum Logos hinauf entwickelt. Dass er aber das konnte, dass das, was aus der Seele sich losringt, das Wort, ihm zuletzt zuteil wurde, das konnte nur sein, weil das göttliche schöpferische Prinzip, das ihm dieses Wort gab, schon vorher in der Welt da war.

Das Wort, der Logos, war von Anfang an da. Er hat die Entwicklung so gelenkt, dass zuletzt ein Wesen entsteht, in dem er erscheinen kann, in dem sein Wesen sich kundgibt. Was zuletzt in der Zeit und im Raum erscheint, das war im Geist zuerst da.

Machen wir uns das an einem Vergleich klar. Sehen wir eine Blume an. Sie war vor einiger Zeit ein Samenkorn. Darin war die Blume der Möglichkeit nach vorhanden, sonst hätte sie nicht aus dem Samenkorn entstehen können. Und woher ist das Samenkorn? Wieder aus einer solchen Blume ist es entstanden. Der Pflanze geht der Same voran, und der Same gleicht der Pflanze.

Im Menschenleben ist es so, dass der Mensch als Blüte seines Daseins das Wort erhält. In früheren Erdzuständen haben wir den stummen Menschen, der noch nicht des Wortes fähig ist. In diesen stummen Menschensamen schlüpft der Logos hinein und der wortbegabte Mensch kommt aus ihm heraus. Das göttliche Schöpferwort hat zuerst den stummen Menschen erzeugt. Dann schlüpft es in ihn hinein und das Wort beginnt, aus der Seele des Menschen heraus zu ertönen. So geht das ursprüngliche göttliche Wort im Menschenwort auf, das aus der Menschenseele ertönt, wie die Blüte aus dem Samenkorn entsteht.

Verfolgen wir die Menschheitsentwicklung zurück. Wir treffen unvollkommene, stumme Wesen. Die Entwicklung hat den Sinn, dass aus diesem stummen Menschensamen – aus dem Nicht-Logos, aus dem der stumme Mensch entspringt –, der Logos entsteht. Aber zuerst, im Urbeginn, ist der Logos da. Denn ohne ihn hätte nicht das entstehen können, was aus ihm geworden ist. So dringen wir, wenn wir die Entwicklung bis zu ihrem Urbeginn verfolgen, bis zu dem vor, der der Urgrund des Daseins ist und auf den der Beginn des Johannes-Evangeliums hinweist:

> Im Urbeginne war das Wort; und das Wort war bei Gott,
> und ein Gott war das Wort.
> Dieses war im Urbeginne bei Gott.
> Alles ist durch Dasselbe geworden; und außer durch dieses

> ist nichts von dem Entstandenen geworden.
> In diesem war das Leben, und das Leben war das Licht der Menschen.
> Und das Licht schien in die Finsternis, aber die Finsternis hat es nicht begriffen. …

Das geht bis zu den Worten:

> Und der Logos ist Fleisch geworden und hat unter uns gewohnt.

Was will das sagen? Wo ist das Wort heute? Heute ist das Wort auch da – und das Wort ist beim Menschen und ein Mensch ist das Wort. Es ist das Band, das den Menschen an Gott anknüpft.

Wir haben eine dem menschlichen Herzen leicht begreifliche Lehre am Anfang des Johannes-Evangeliums. Wer so liest, der kann empfinden, wie der empfand, der das Johannes-Evangelium geschrieben hat. Das war die Stimmung, in der man war, als ein solches Wort erstmals gehört wurde. So soll die Stimmung für uns sein, in der wir den tiefen Sinn und den geistigen Inhalt empfangen, die in diesem Evangelium niedergelegt sind.

II

19. Mai 1908

Die ersten Worte des J. E. führen uns in der Tat gleich in die tiefsten Weltengeheimnisse ein, wenn wir die ihnen zugrunde liegenden Wahrheiten vor unsere Seele treten lassen. Wir werden tief zurückgreifen müssen in die Theosoph. Erkenntnisse, wenn uns diese ersten Worte des Evang. im richtigen Lichte erscheinen sollen, – gewisse Wahrheiten der theosoph. Weltanschauung wollen wir heut. durchgehen mit weiteren Ausblicken in verschiedene bedeutsame kosmische Geheimnisse. Wir wollen uns kurz das Wesen des Menschen vor Augen stellen, wie es ist vom Morgens wenn man aufwacht bis zum Abend wenn ~~wir~~ er in Schlaf versinkt. Wir ~~müssen~~ wissen, daß der Mensch zusammengefügt ist aus phys. Leib Aetherleib, Astralleib u. Ich, aber diese 4 Glieder sind in dieser Verbindung die wir ihnen normaler Weise für den wachen Zustand zuschreiben, wirklich nur im wachen Zustand. In der Nacht, wenn der Mensch schläft, sind diese 4 Glieder nicht in demselben Verhältniß zueinander als am Tage. Im Bette liegt dann nur der phys. u. Aether-Leib, der Astralleib u. das Ich sind in gewisser Beziehung losgelöst aus den beiden ersteren u. sind, wenn wir das Wort nicht im räumlichen, sondern geistigen Sinn verstehen außerhalb des phys. u. Aetherleibes, so daß der Mensch aus 2 Teilen besteht, aus dem, was im Bette liegt und

Zweiter Vortrag

Der Logos oder das Wort

Wird zum Leben, zum Licht, zum Menschen

Hamburg, 19. Mai 1908

Meine lieben theosophischen Freunde!

Die ersten Worte des Johannes-Evangeliums führen uns gleich in die tiefsten Weltgeheimnisse ein, wenn wir die ihnen zugrunde liegenden Wahrheiten vor unsere Seele treten lassen.

Wir werden tief in die theosophischen Erkenntnisse zurückgreifen müssen, wenn uns diese ersten Worte des Johannes-Evangeliums im richtigen Licht erscheinen sollen. Gewisse Wahrheiten der theosophischen Weltanschauung wollen wir heute mit weiteren Ausblicken in bedeutsame kosmische Geheimnisse durchdringen. Wir wollen uns kurz das Wesen des Menschen vor Augen stellen, wie er ist vom Morgen, wenn er aufwacht, bis zum Abend, wenn er in Schlaf versinkt.

Wir wissen, dass der Mensch aus physischem Leib, Ätherleib, Astralleib und Ich zusammengefügt ist. Aber diese vier Glieder sind in dieser Verbindung, die wir ihnen für den wachen Zustand zuschreiben, nur im wachen Zustand. In der Nacht, wenn der Mensch schläft, sind diese vier Glieder nicht in demselben Verhältnis zueinander wie am Tag. Im Bett liegen dann nur der physische und der Ätherleib.

Der Astralleib und das Ich sind in gewisser Beziehung aus den beiden Ersteren losgelöst. Sie sind, wenn wir das Wort nicht im räumlichen, sondern im geistigen Sinne verstehen, außerhalb des physischen und des Ätherleibes. Der Mensch besteht dann aus zwei Teilen: aus dem, was im Bett liegt, und dem, was sich herausgetrennt hat.

Es muss uns vor allen Dingen klar sein, dass das, was in der Nacht im Bett liegt, wenn es ganz von dem verlassen wäre, was es am Tag erfüllt – vom Astralleib und vom Ich –, gar nicht leben, gar nicht bestehen könnte. Hier ist es, wo wir uns ein wenig tiefer auf die Weltgeheimnisse einlassen müssen.

Wenn wir den physischen Menschenleib vor uns haben, müssen wir uns klar sein, dass er einen langen Entwicklungsprozess hinter sich hat. Er hat ihn im Verlauf der ganzen Entwicklung unseres Erdplaneten durchgemacht. Die Mond-, Sonnen- und Saturnverkörperung der Erde gehen unserer jetzigen Erdverkörperung voraus. Denn ebenso wie ein Mensch geht auch ein Planet durch viele Verkörperungen hindurch. Alles in der großen und in der kleinen Welt unterliegt dem Gesetz der Wiederverkörperung.

Vor dem Erdzustand war der alte Mondzustand. Nicht der heutige Mond ist damit gemeint; dieser ist nur ein abgeschiedenes Stück von dem alten Mondplaneten, der eine frühere Verkörperung unserer Erde war. Ebenso wie im Menschendasein zwischen Tod und neuer Geburt ein Zeitraum liegt, so liegt auch ein Zeitraum zwischen zwei Verkörperungen eines Planeten. Wenn wir über diesen Zeitraum weiter zurückgehen, über das nächste Pralaya (Ruhezustand) hinaus, dann finden wir den alten Sonnenzustand unserer Erde, der wieder nicht unsere jetzige Sonne ist. Diesem ging voraus der Saturnzustand. So schauen wir zurück auf drei Verkörperungen unseres Planeten.

Auf dem Saturn hat unser physischer Menschenleib seine allererste Anlage erhalten, die ganz verschieden von dem heutigen Menschenleib war. Alles, was vom Menschenleib äußerlich vorhanden ist, war auf dem Saturn noch nicht da. Auf der Sonne kam der Ätherleib dazu. Dieser durchdrang, imprägnierte den physischen Leib. Die Folge davon war, dass der physische Leib anders gestaltet wurde, dass er eine andere Art und Weise seines Daseins erlangte. Da stand der physische Leib auf der zweiten Stufe seines Daseins. Diese erlangte er dadurch, dass auf der Sonne in den auf dem Saturn maschinenhaft-automatischen physischen Leib der Ätherleib hineinschlüpfte und ihn umgestaltete.

Auf dem Mond schlüpft dann der Astralleib in den physischen Leib hinein und gestaltet ihn zum dritten Mal um. Auf der Erde kommt dann das Ich hinzu und gestaltet den physischen Leib zum vierten Mal um, sodass nach und nach dieser komplizierte Zusammenhang der vier Glieder eintritt, wie er heute besteht. Der menschliche Leib ist also ein vielfach umgestaltetes Wesen. Wenn wir von ihm sagen, dass er aus denselben chemischen Stoffen besteht, die draußen im großen Kosmos im Mineralischen ausgebreitet sind, müssen wir uns klar darüber sein, dass zwischen dem physischen Menschenleib und den Mineralien ein gewaltiger Unterschied besteht.

Wenn wir in ganz elementarer Weise sprechen, können wir diesen Unterschied beschreiben, indem wir sagen: Ein Mineral, zum Beispiel ein Bergkristall, behält durch sich selbst seine Form, wenn er nicht durch äußere Einflüsse zerstört wird. Der physische Menschenleib behält seine Form aber nur dadurch, dass der Äther- und Astralleib in ihm sind. In dem Augenblick, wo im Tod diese beiden sich vom physischen Leib trennen, beginnt dieser ein anderer zu werden. Er folgt den rein chemischen Kräften und zerfällt – während das Mineral erhalten bleibt.

Wir wissen, wie die Vorgänge nach dem Tod sind, wenn der Ätherleib und der Astralleib den physischen Leib verlassen und dieser sich in die Stoffe auflöst, aus denen er besteht. Es folgt dann auch der Ätherleib den allgemeinen Weltgesetzen und löst sich in den allgemeinen Weltäther auf. Zuletzt löst sich der Astralleib, nachdem der Mensch die Kamaloka-Zeit (Läuterungszeit) durchgemacht hat, in die astralische Substanz auf – mit Ausnahme eines Extraktes, von dem wir schon gesprochen haben. So können wir sagen, dass der physische Leib des Menschen in einer gewissen Beziehung von demselben Wert ist, wie das um uns herum liegende Mineralreich, aber wir müssen auch einen großen Unterschied feststellen, der zwischen beiden besteht.

Wir haben eben gesagt, dass auf dem alten Saturn unser physischer Leib noch nicht vom Ätherleib, vom Astralleib und vom Ich durchsetzt war. Da war er wirklich nur von dem Wert eines Minerals. Er ist durch die drei darauffolgenden Verkörperungen unseres Planeten umgestaltet worden. Das heutige Mineral, das wir als ein totes vor uns sehen, könnte auch unmöglich bestehen, wenn es bloß den physischen Leib hätte, der hier in der physischen Welt ist. Absolut richtig ist das nicht: Genauso wie der menschliche physische

Leib im wachen Zustand einen Astralleib und ein Ich hat, die dazu gehören, so hat auch das Mineral nicht nur einen physischen Leib, sondern auch die drei anderen Glieder – nur dass diese drei höheren Glieder seiner Wesenheit nicht in der physischen Welt, sondern in höheren Welten zu finden sind.

Der Ätherleib des Minerals ist in der astralischen Welt, sein Astralleib in der niederen und sein Ich in der höheren geistigen Welt zu finden. Der physische Menschenleib unterscheidet sich von dem physischen Leib des Minerals dadurch, dass der Mensch im wachen Zustand die höheren Glieder seiner Wesenheit hier in der physischen Welt in sich hat, das Mineral aber nicht. Wir wissen, dass unsere physische Welt von der astralischen Welt durchdrungen ist, und diese wiederum von der geistigen Welt, die in eine höhere und eine niedere zerfällt. Der Mensch ist dadurch ein bevorzugtes Wesen, dass er hier in der physischen Welt seine vier Glieder in sich trägt.

Das Mineral hat sie hier nicht in sich. Wir müssen uns vorstellen, dass es hier in der physischen Welt gar nicht als ganzes Wesen ist. Denken wir an unsere Fingernägel: Die könnten wir nirgends in der Natur für sich finden. Sie setzen den menschlichen Organismus voraus, ohne diesen können sie nicht sein, wenn sie wachsen sollen. Denken wir uns, dass es Wesen gibt, die nur Augen haben, um unsere Nägel zu sehen, die nichts anderes von uns sehen; da, wo unser Körper ist, sehen sie einen leeren Raum. So ist es mit den Mineralien: Wir sehen von ihnen nur einen Teil und würden sie nur dann vollständig betrachten, wenn wir in höhere Welten hinaufschauen könnten. Dort haben sie die höheren

Glieder ihrer Wesenheit. Ätherleib, Astralleib und Ich strecken ihr letztes Glied – gleich unseren Nägeln – in die physische Welt hinein.

Das alles müssen wir fest ins Auge fassen, um uns klarzumachen, dass es gar kein Wesen geben kann, das nicht in irgendeiner Art Ätherleib, Astralleib und Ich hat. Ohne diese kann kein Wesen bestehen.

In dem, was wir heute gesagt haben, herrscht ein gewisser Widerspruch. Wir haben gesagt, dass der Mensch in der Nacht eine andere Wesenheit ist als bei Tag, denn seine vier Glieder sind bei Tag zusammen, in der Nacht aber trennen sie sich. Da haben wir ein Wesen vor uns, das vom Astralleib und Ich verlassen ist, wenn es schläft.

Der Stein schläft nicht, bei dem bleiben die höheren Glieder immer zusammen. Sie durchdringen ihn zwar nicht von innen, aber sie bleiben in derselben Verbindung mit ihm. Wir Menschen verlassen aber in der Nacht den physischen Leib und den Ätherleib. Wir gehen als Astralleib und Ich heraus und kümmern uns nicht um sie. Diese Tatsache wird nicht immer genau bedacht, dass der Mensch jede Nacht von seinem physischen und Ätherleib Abschied nimmt, sie sich selbst überlässt. So könnten sie aber nicht bestehen, denn kein physischer Leib und Ätherleib kann für sich bestehen. Selbst der Stein muss von seinen höheren Gliedern durchdrungen sein. Was tritt also da ein?

Das ist sehr einfach: Da es nicht möglich ist, dass physischer und Ätherleib im Bett bleiben, ohne dass ein Astralleib und ein Ich in ihnen sind – und da unser eigenes Ich und Astralleib nicht in ihnen sind –, so müssen ein anderer Astralleib und ein anderes Ich in ihnen sein. Hier ist es, wo vom Okkultismus auf das göttliche Sein hingewiesen wird. Wo unsere eigenen höheren Glieder aus unserer physisch-ätherischen Wesenheit herausgehen, sind in ihr das Ich und der Astralleib höherer, göttlich-geistiger Wesen tätig.

Das kommt von Folgendem: Wenn wir den geistigen Entwicklungsgang der Menschheit und des Erdplaneten betrachten, dann finden wir, dass auf dem Saturn nur der menschliche physische Leib vorhanden war, noch kein Ätherleib, Astralleib und Ich. Aber der physische Leib hätte ebenso wenig bestehen können, wie heute der Stein ohne diese drei Glieder bestehen kann. Damals war unser physischer Leib ganz durchdrungen von dem Ätherleib, dem Astralleib und dem Ich göttlicher Wesen. Diese wohnten darin und sie blieben auch darin wohnen, als auf der Sonne unser eigener Ätherleib dazukam. Da vermischte sich der menschliche kleine Ätherleib mit dem früheren göttlichen Ätherleib. Und so war es auf dem Mond: Der menschliche kleine Astralleib vermischte sich mit dem göttlichen Astralleib, der schon darin war.

Jetzt kommen wir zu einem tieferen Verständnis des heutigen Menschen. Wir sind in der Lage, das zu wiederholen, was in der christlich-esoterischen Theosophie immer gelehrt worden ist. Diese Lehre wurde immer gepflegt neben der äußeren, exoterischen Lehre.

Paulus hat seine flammende Redegabe benutzt, um die Völker das Christentum zu lehren. Er hat aber auch die in der Apostelgeschichte (17,34) erwähnte christlich-esoterische Schule zu Athen gegründet, deren Vorsteher der von der Wissenschaft geleugnete Dionysios Areopagita war. Dort wurde die reinste Theosophie gelehrt, und das wollen wir uns jetzt vor die Seele führen, nachdem wir die Bausteine zu dem zusammengetragen haben, was wir sagen wollen.

In dieser Schule wurde immer gelehrt: Betrachtest du den Menschen, wie er am Tag ist, so besteht er aus dem Gefüge des physischen, ätherischen und astralischen Leib und aus dem Ich. Dann wurde darauf hingewiesen, wie der Mensch in Entwicklung begriffen ist. Dieser Mensch, der heute aus vier Gliedern besteht, war nicht immer so, wie er uns heute erscheint. Er entwickelt sich immer weiter. Wir müssen zu der Zeit der Erdentwicklung zurückgehen, die die Mitte der lemurischen Zeit (s. Fachausdrücke S. 255) war. Da gesellte sich zu den drei niederen Teilen seiner Wesenheit das Ich hinzu. Erst da können wir sagen, dass er aus physischem Leib, Ätherleib, Astralleib und Ich besteht.

Seither ist jeder Mensch durch viele Verkörperungen hindurchgegangen. Was ist der Sinn dieser Entwicklung durch die Inkarnationen hindurch? Dass das Ich an sich arbeitet und so die drei Glieder seiner Wesenheit umgestaltet. Es beginnt damit, dass es den Astralleib umgestaltet. Bei keinem Durchschnittsmenschen ist der Astralleib heute so, wie er ihn erhalten hat, bevor das Ich an ihm von der ersten Erdverkörperung an gearbeitet hat.

Das Ich wandelt die Leidenschaften und Triebe um, die dem Menschen in seiner ursprünglichen Wildheit gegeben waren. Immer geht diese Arbeit vor sich, sodass wir sagen können: Der Mensch hat heute nicht nur diese vier Glieder in sich, sondern auch einen Teil, der vom Ich umgearbeitet worden ist, der ein Geschöpf des Ich selbst ist. Der Astralleib zerfällt also in zwei Teile: in einen Teil, der vom Ich umgearbeitet ist, und einen Teil, der noch nicht bearbeitet ist. Diese Arbeit wird immer weiter gehen.

Es wird für jeden Menschen eine Zeit kommen, wo sein Astralleib ganz das Geschöpf des Ich sein wird. Wir sind gewohnt, das «Manas» (deutsch: Geistselbst) zu nennen. Wir können also ein fünftes Glied unterscheiden: Bei jedem Menschen ist der Astralleib heute so, dass er in sich auch Manas enthält, das Produkt der Arbeit des Ich.

Weiter kann der Mensch an seinem Ätherleib arbeiten. In späteren Verkörperungen wird er nach und nach die Fähigkeit erlangen, nicht nur an dem Astralleib, sondern auch an dem Ätherleib zu arbeiten. So viel er ihn umarbeitet und zum Produkt des Ich macht, wandelt er ihn in «Budhi» (Lebensgeist) um. Zuletzt kommt der Mensch dazu, auch den physischen Leib vom Ich aus umzuarbeiten. Er erlangt damit «Atma» (den Geistesmenschen).

Lassen wir jetzt den Blick in eine ferne, ferne Zukunft schweifen, wenn die Erde andere Planetenformen, andere Verkörperungen durchgemacht haben wird. Auf dem Jupiter, der Venus und dem Vulkan (s. Fachausdrücke S. 255) wird der Mensch auf wesentlich höheren Stufen seiner Entwicklung sein. Er wird dann seinen ganzen Astralleib in Geistselbst, seinen ganzen Ätherleib in Lebensgeist und seinen physischen Leib in Geistesmensch umgewandelt haben.

Vergleichen wir den Menschen, der am Ende seiner Erdlaufbahn vor uns steht, mit dem Menschen am Anfang derselben. Da hatte er nur den physischen Leib. Dieser war von

Ätherleib, Astralleib und Ich durchdrungen, die aber göttlich-geistigen Wesen angehörten. Diese wohnten darin. Am Ende seiner Laufbahn ist er ganz von seinem eigenen Ich durchdrungen. Er hat mit dem Ich den Astralleib durchdrungen und dieser ist Geistselbst geworden; der Ätherleib ist vom Ich durchglüht und ist Lebensgeist geworden; der physische Leib ist vom Ich durchzogen und ist Atma geworden.

Da finden wir einen gewaltigen Unterschied zwischen dem Menschen am Anfang seiner Entwicklung und dem, was er am Ende derselben sein wird. Wenn wir uns diesen Unterschied vor die Seele stellen, wird erklärt, was ich absichtlich als «Widerspruch» hingestellt habe – den Schlafzustand des Menschen. Gerade in der Form der christlich-esoterischen Theosophie wird er erklärt.

Machen wir uns klar, was das ist, was uns am Ende der Entwicklung im physischen Leib von heute entgegentritt. Es ist das, was der Mensch selbst daraus gemacht hat. Er hat ihn durchgeistigt – und ebenso den Astralleib und den Ätherleib. Diese waren aber auch schon durchgeistigt, bevor der Mensch von sich aus sie durchgeistigt hat, denn alles ist durchgeistigt, selbst der Stein. Wesen der höheren Welten sind zu ihm gehörig.

So verstehen wir, dass die christliche Esoterik recht hat, wenn sie sagt: Was heute als physischer Leib des Menschen vor uns steht, das kann der Mensch noch nicht beherrschen. Er ist noch nicht am Ende seiner Entwicklung, wo er ihn beherrschen kann. Auch den Ätherleib kann er noch nicht beherrschen. Erst wenn er im Venuszustand der Erde den Lebensgeist ausgebildet hat, wird er ihn beherrschen. Der

Mensch kann noch nicht von seinem Ich aus seine niederen Glieder beherrschen. Aber sie müssen jederzeit, auch heute, beherrscht werden. Auch heute muss im physischen und im Ätherleib jenes Göttlich-Geistige darin sein, das einst das Ich des Menschen durch eigene Arbeit ausbilden wird. Es muss in ihnen sein und es ist in ihnen: Von Anfang an war Göttlich-Geistiges in ihnen und ist darin geblieben.

So sagt der christliche Esoteriker mit Recht: Betrachten wir den physischen Leib: In ihm ist schon das Wesen des Geistesmenschen, aber das ist göttliches Atma, das ist göttlich-geistige Wesenheit. Im Ätherleib ist schon der Lebensgeist, der Logosgeist, darin, aber es ist ein Göttlich-Geistiges, was darin ist. Betrachten wir den Astralleib: Wir haben gesagt, dass er in zwei Teile zerfällt – in einen, den der Mensch schon beherrscht, und einen, den er noch nicht beherrscht. Was ist in dem, den der Mensch noch nicht beherrscht? Göttlich-geistige Wesenheit ist in ihm. Nur in dem Teil, den der Mensch beherrscht, nur da ist der eigene Geist des Menschen drinnen.

Sehen wir jetzt den Menschen in wachem Zustand an. Da sehen wir den physischen Leib, aber es ist nur die Außenseite. Er ist immer vom göttlichen Geist, von hoher atmischer Wesenheit durchsetzt. Ebenso ist es mit dem Ätherleib des Menschen: Außen ist er das, was den physischen Leib zusammenhält, innen ist er von göttlich-geistiger Wesenheit durchdrungen. So ist es auch mit dem Teil des Astralleibes, den der Mensch noch nicht bearbeitet hat. Nur das Allerinnerste, das menschliche Ich, ist der Teil dieses Zusammenhangs, den der Mensch sich schon erobert hat.

Betrachten wir jetzt den schlafenden Menschen und wir werden den Widerspruch verschwinden sehen. Der im Bett liegende Mensch besteht aus physischem Leib und Ätherleib. Der Mensch verlässt sie, aber sie würden nicht bestehen können, ohne dass ein Göttliches für sie sorgen würde. Der Mensch würde sie zerstört vorfinden, wenn er am Morgen wieder einzieht. Aber das, was der Mensch noch nicht erobert hat, ist in ihnen: Göttlich-Geistiges ist im physischen Leib und im Ätherleib drinnen. Sie sind vom göttlichen Geistselbst und von göttlichem Lebensgeist durchzogen.

Blicken wir jetzt zurück zum Anfang der Entwicklung, als noch gar nichts vom Ich erobert war, als der Mensch noch nicht so fest mit seinem physischen Leib verbunden war wie heute. Es gab Zeiten, wo der Leib immer vom Ich «verlassen» war, nicht wie jetzt nur in der Nacht. Der Mensch hätte nicht bestehen können, wenn er nicht vom göttlichen Ich durchsetzt gewesen wäre. Blicken wir noch weiter zurück, durch die Mond- und Sonnen- bis zur Saturnverkörperung: Auf dem Saturn war der göttliche Geist so weit, dass er den menschlichen physischen Leib als Mineral geformt hat. Auf der Sonne war er so weit, dass er ihn mit dem Lebensgeist durchsetzt hat. Auf dem Mond war er so weit, dass er den höheren Tierleib mit Empfindung von Schmerz und Lust durchglüht hat, aber noch nicht so weit, dass der Mensch «Ich» zu sich hätte sagen können.

Der göttliche Geist hatte diese verschiedenen Stufen durchgemacht und auf dem Mond war der Mensch nur so weit vollkommen. Wenn er auf eine noch höhere Stufe geführt werden sollte, wenn er noch vollkommener werden sollte, musste er etwas empfangen, was ihm auf dem Mond noch fremd war. Was hat der göttliche Geist damals noch bei sich behalten, noch nicht dem menschlichen Leib anvertraut? Die Fähigkeit, das Seelenhafte aus dem Leib herauszusenden, seine Seele aus ihm herausertönen zu lassen. Der tierhafte Mensch war auf dem Mond stumm. Die Fähigkeit, die Seele nach außen ertönen zu lassen, war noch bei Gott. Auch die Tierwesen, die heute schreien können, ertönten zwar, aber es ist ein kosmisches Tönen. Die Gottheit ertönt in ihnen.

Selbstständiges, individuelles Ertönen wurde dem Menschen erst auf der Erde zuteil. Diese Fähigkeit trat erst mit dem Erddasein auf. Vorher waren auch die menschlichen Wesen stumm, sie hatten noch nicht die Fähigkeit des Wortes. Wenn wir uns das Ganze vor die Seele stellen, müssen wir sagen: Das Wort war im Urbeginn bei Gott (1,1). Gott hat die Vorbedingungen geschaffen, dass das Wort in einem physischen, ätherischen und astralischen Leib ertönen kann. In diesem entstand die Fähigkeit, von innen heraus zu ertönen.

Wie die Blume im Samen ruht, so lag der wortbegabte Logos schon auf dem Saturn im Menschensamen verborgen. Wenn wir den physischen Menschenleib auf dem Saturn betrachten und uns fragen, woher er kommt, werden wir auf den letzten Urgrund hingewiesen. Er konnte niemals eine Entwicklung durchmachen ohne das, was in ihn als Same gelegt worden war. Der Same in ihm ist das Wort oder

der Logos. Von ihm kommt er. Schon auf dem Saturn wurde seine Entwicklung so veranlagt, dass er später sprechen und ein Zeuge für den Logos werden konnte.

Dass wir das sind, was wir heute sind, dass wir unsere heutige Form haben, das rührt daher, dass unserem Werden das Wort zugrunde liegt. Auf das Wort hin ist der ganze Entwicklungsplan gebaut. Samenhaft veranlagt ruhte es so im Menschen, dass zuletzt das Wort aus ihm heraus ertönen konnte.

Deshalb blickt der esoterische Christ auf den physischen Menschenleib hin und sagt: Er ist ein Abbild des Logos oder des Wortes. Sein Urbild ist das Wort, das vom Urbeginn in ihm ruhte und in ihm wirkte. Der Logos oder das Wort wirkt auch jetzt in ihm, wenn er in der Nacht vom menschlichen Ich verlassen ist. Dann wirkt der Logos im physischen Leib. Wenn wir nach dem Geistigen fragen, das in uns in der Nacht wirkt, so müssen wir sagen: Das ist der Logos oder das Wort.

Gehen wir nach der Saturnentwicklung weiter. Der Saturn ging über in den Sonnenzustand. Dem physischen Leib wurde der Ätherleib eingegliedert, damit ein Fortgang geschehen konnte. Während der physische Leib auf dem Saturn nur maschinenhaft-automatisch war, von dem Logos durchdrungen, gliedert sich jetzt der Lebensleib (Ätherleib) ein. Auf dem Saturn war der Menschenleib der Ausdruck des Logos. Er vergeht und verkörpert sich neu auf der Sonne. Da gliedert sich, als Ausdruck des Logos, der Ätherleib ein: Der Logos ward Leben – «im Logos war das Leben» (1,4) – auf der Sonne, indem er den Menschen eine Stufe höher brachte.

Gehen wir dann zum Mond über: Da gliedert sich dem Menschenleib der Astralleib ein. Was ist der Astralleib? Er erscheint dem hellseherischen Bewusstsein auch heute als eine Lichtaura, die den Menschen umgibt. Er ist ein Lichtleib, auch wenn dieses Licht von den meisten Menschen heute nicht gesehen wird. Es gibt ein geistiges Licht, und das physische Licht ist nur der materielle Ausdruck des geistigen Lichtes. Auch das Sonnenlicht ist die physische Verkörperung des geistig-aurischen Weltlichtes. Dem physischen Licht liegt der Geist des Lichtes, das geistig-aurische Weltlicht zugrunde. Es umgibt den Menschen das äußere Licht der Sonne, aber auch ein inneres Licht.

Auf dem Mond kommt noch eines hinzu: Der Mensch war noch nicht vom Ich durchsetzt, aber zu dem Lebensleib kommt der astralische Lichtleib hinzu. Betrachten wir den Fortgang der Entwicklung: Auf dem Saturn ist der physische Leib der Ausdruck des Logos; auf der Sonne können wir sagen: Der Logos ward Leben. Auf dem Mond können wir sagen: Das Leben ward Licht (1,4).

Als der Mensch die Erde betrat, haben wir im Menschen, bevor das irdische Ich eintrat, sich hineinsenkte, ein Geschöpf der göttlich-geistigen Wesenheiten vor uns. Er war dadurch da, dass der Logos in ihm Leben und Licht geworden war – der Logos, der auf der Sonne Leben und auf dem Mond Licht war. Für den Menschen trat auf der Erde das Ich hinzu und dadurch wurde er fähig, nicht nur zu leben innerhalb des Lebens und des Lichtes, sondern sich dem Leben und dem Licht als ein Ich gegenüberzustellen. Dadurch wurden sie für ihn materiell, dadurch erlangten sie ein materielles Dasein.

Wenn wir uns im Denken so weit gebracht haben, haben wir genau den Punkt fixiert, bei dem der Mensch begann. Wir können zeigen, wie er aus der Gottheit herausgeboren ist. Wir sehen, wie der göttliche Vormensch war. Dann senkt sich das Ich in diesen Vormenschen hinein und das, was sich der Mensch durch sein Ich erobert hat, entreißt er jedes Mal in der Nacht sozusagen der göttlich-geistigen Wesenheit, die immer in ihm ist.

Das alles, was wir jetzt versucht haben, als eines der tiefsten Geheimnisse dem menschlichen Denken nahezubringen, das war jenen ganz geläufig, die sich «Diener des Wortes» (Lukas 1,2) in der Zeit der christlichen Esoterik nannten. Das alles wird uns in lapidaren Sätzen am Anfang des Johannes-Evangeliums vor die Seele gestellt. In diesen Worten ist nichts anderes gegeben als das, was wir eben als Tatbestand auseinandergesetzt haben. Wir müssen nur den Zusammenhang in der richtigen Weise übersetzen. Stellen wir uns das noch einmal vor die Seele:

> Im Anfang war der Logos als das Urbild des menschlichen physischen Leibes. Der Logos liegt allem Werden zugrunde. Alles ist aus dem Logos, aus dem Wort, gemacht. Auf dem Saturn gab es nur das Menschenreich, noch kein Mineral-, kein Pflanzen- und kein Tierreich. Alles ist aber aus dem Logos, aus dem Wort, gemacht. Er wurde dann auf der Sonne Leben, auf dem Mond Licht und das, was aus ihm geworden ist, lebt im menschlichen Astralleib. Was Leben und Licht wurde, das war

immer da. Doch der Mensch muss lernen, das Licht, das ursprünglich da war, zu erkennen. Er kann dadurch lernen, es zu erkennen, dass er Ichbegabt wird. Indem der Mensch das Nichterkennen, die Finsternis, überwindet, kann er das Licht, den Logos, wahrnehmen.

Wenn wir so denken, werden uns die lapidaren Sätze am Anfang des Johannes-Evangelium verständlich. Manche sagen, sie sind schwer verständlich. Das sind sie auch, aber wie sollte uns das Tiefste, was in der Welt ist, wie das Trivialste begreiflich sein? Das wäre ein Hohn auf die Heiligkeit des göttlichen Wortes. In Wahrheit bedarf es, zum Begreifen des Tiefsten, der höchsten geistigen Anstrengung. Und wenn jemand sagt: Wozu solche komplizierten Erklärungen, das muss alles schlicht und einfach sein!, dann muss man ihm sagen: Glaubst du, dass man nichts zu lernen braucht, um das Göttliche zu begreifen? Nur der, der den guten Willen und die gute Absicht hat, nur der dringt in die Tiefe solcher Worte wie: «In diesem war das Leben, und das Leben ward das Licht der Menschen.»

Wortes wie: „in diesem war das Leben u. das Leben war das Licht der Menschen" der wirklich den guten Willen u. die gute Absicht hat.

III Vortrag. 20. Mai 1908

Gestern haben wir gesehen, welch ein tiefer Inhalt in den ersten Worten des Joh. Evang. verborgen ist u. wir können unsre Betrachtung so weit zusammenfassen, daß wir sagen: wir haben gesehen, daß der Schreiber des Joh. Evang. hindeutet auf das Werden des Vormensch in unserer Vergangenheit, hindeutet darauf, wie im Sinne der christl. Esot. alles zurückgeführt wird auf das Wort oder den Logos, der schöpferisch war schon in Saturnzeit, dann im Sonnenzustand zum Leben u. im Mondenzustand zum Licht geworden ist. Dasjenige was unter dem Einfluß göttl. geist. Wesenheiten an dem Menschen geworden ist das wurde durchdrungen auf der Erde, unserem jetzigen Planeten, vom mensch. Ich, sodaß man sagen kann, wie eine Art Same kam vom Monde herüber auf die Erde ein Wesen, bestehend aus dem phys. Leib hervorgegangen aus dem göttl. Urwort, aus dem Aetherleib, hervorgegangen aus dem göttl. Leben u. dem Astralleib hervorgegangen aus dem göttl. Licht, im Innern wurde diesem Wesen während des Erdendaseins das Ich sei angezündet.

Dritter Vortrag

Die Mission der Erde

Die Liebe, die nur die Freiheit kennt

Hamburg, 20. Mai 1908

Meine lieben theosophischen Freunde!

Gestern haben wir gesehen, welch ein tiefer Inhalt in den ersten Worten des Johannes-Evangeliums verborgen ist. Wir können unsere Betrachtung so weit zusammenfassen, dass wir sagen: Wir haben gesehen, dass der Schreiber des Johannes-Evangeliums auf das Werden des Vormenschen in unserer Vergangenheit hindeutet. Im Sinne der christlichen Esoterik deutet er darauf hin, dass alles auf das Wort oder den Logos zurückgeführt wird, der schon in der Saturnzeit der Erde schöpferisch war, dann im Sonnenzustand zum Leben und im Mondzustand zum Licht geworden ist.

Was unter dem Einfluss göttlich-geistiger Wesen aus dem Menschen geworden ist, das wurde auf der Erde, auf unserem jetzigen Planeten, vom menschlichen Ich durchdrungen, sodass wir sagen können: Wie eine Art Same kam vom Mond herüber auf die Erde ein Wesen, bestehend aus dem physischen Leib – aus dem göttlichen Urwort hervorgegangen –, aus dem Ätherleib – aus dem göttlichen Leben hervorgegangen – und aus dem Astralleib – aus dem göttlichen Licht hervorgegangen. Im Inneren wurde diesem Wesen während des Erddaseins das Ich selbst entzündet.

Die dreifache Leiblichkeit wurde fähig, das «Ich bin» zu sprechen, sodass wir die Entwicklung der Erde die Entwicklung des Ich oder des «Ich bin», des Selbstbewusstseins des Menschen, nennen können. Die Fähigkeit des vollen Selbstbewusstseins, das «Ich bin», kam im Laufe der Erdentwicklung langsam und allmählich herauf. Wir müssen uns klarmachen, wie die Entwicklung der Erdmenschheit war, insofern in ihr das Ich, das volle Selbstbewusstsein langsam ins Dasein trat.

In der lemurischen Zeit trat der Mensch in die Form ein, in welcher er heute vorhanden ist. In dieser Zeit trat erstmals das ein, was wir die Verkörperung des Ich in den drei Leibern nennen können. Dann kommt die atlantische Zeit, wo die Menschen auf der Atlantis gewohnt haben, auf jenem Erdteil, der jetzt von den Fluten des Atlantischen Ozeans bedeckt ist. Dieser Erdteil ist durch die große Flut hinweggeschwemmt worden, deren Andenken in den Sintflutsagen aller Völker enthalten ist. Unsere Seelen waren in atlantischen Körpern verkörpert und in der nachatlantischen Zeit haben sie viele Verkörperungen durchgemacht, bis in unsere Tage hinein. Langsam und allmählich entwickelt sich der Mensch zu seinem heutigen Dasein.

Was nennen wir im Sinne des Okkultismus unser heutiges Dasein? Einen solchen Bewusstseinszustand, wie ihn der Mensch im wachen Zustand von Morgen bis Abend hat. Der Mensch sieht durch seine äußeren physischen Sinne die Dinge, die um ihn herum sind. Während des Schlafes sieht er sie aber durch seine äußeren Sinne nicht. Warum ist das so?

Das ist aus dem Grund so, weil für die heutigen Entwicklungsverhältnisse der eigentliche Mensch, das heißt das Ich und der Astralleib, in dem physischen und dem Ätherleib sind und sich der physischen Sinne bedienen, um die physischen Dinge wahrzunehmen. Während des wachen Zustandes ist das so, aber während des Schlafzustandes sind das Ich und der Astralleib in der astralischen Welt, außerhalb der physischen Welt. Da sind sie von den physischen Augen und Ohren abgesondert, und der Mensch kann nicht erkennen, was an Dingen um ihn herum ist.

Dieser Wechselzustand zwischen Tagwachen und Nachtschlafen hat sich langsam entwickelt. Es war noch nicht so, als der Mensch in der urfernen lemurischen Zeit zum ersten Mal eine physische Verkörperung durchmachte. Da war er nur eine sehr kurze Zeit – keineswegs so lange wie heute – mit seinem Ich und seinem Astralleib am Tag in seinem physischen Leib. Dafür aber war er längere Zeit außerhalb des physischen Leibes. Das menschliche Leben war ein ganz anderes. Dass der Mensch während der Nacht ganz bewusstlos ist, wenn er gerade nicht träumt, das trat erst ganz allmählich ein.

Der Mensch hatte damals ein dumpfes hellseherisches Bewusstsein, durch das er in die geistigen Welten hineinschauen konnte, wenn auch nicht in solch heller, lichter Klarheit, wie der heutige Mensch im wachen Zustand in die physische Welt hineinsieht. Wir dürfen dieses alte Hellsehen nicht mit dem heutigen Träumen zusammenbringen, das nur ein dekadenter Rest des alten Hellsehens ist. In ihm nahm der Mensch Bilder wahr, die eine sehr reale

Bedeutung hatten. Wenn der Mensch in der kurzen Zeit während der 24 Stunden, die er in seinem physischen Leib war, sich der physischen Sinne bediente, konnte er die äußeren Dinge nur ganz dumpf sehen, wie in einem Nebel eingehüllt. Etwa so, wie wir im Nebel eine Laterne von einer Lichtaura umgeben, nur undeutlich sehen, so sah der Mensch damals die physischen Grenzen verschwommen und undeutlich.

Wenn er aber im Schlaf war, tauchten Bilder in Farben und Formen um ihn herum auf. Das war eine Welt, gegen welche die lebendigsten Träume von heute sich nur wie schwache Nachklänge verhalten. Der Mensch nahm Seelisch-Geistiges in seiner Umgebung wahr. Wenn er sich während seiner nächtlichen Wanderung einem ihm schädlichen Wesen näherte, erschien ihm dieses Schädliche in einem bestimmten Farbenbild. Ebenso erschien ihm etwas für ihn Sympathisches in einem anderen Farbenbild. In solchen Farbenbildern hat der Mensch der Vorzeit nicht die äußeren Dinge gesehen, sondern das Seelisch-Geistige, das sie für ihn enthielten.

Ganz langsam geht die Entwicklung so vorwärts, dass der Mensch in seinen physischen Leib untertaucht. Der Tag dauert immer länger. Je mehr sich der Mensch in seinen physischen Leib eingewöhnt, desto mehr verklingen die nächtlichen hellseherischen Bilder. Das helle Tagesbewusstsein von heute taucht mehr und mehr auf. Wir dürfen nicht vergessen, dass ein wirkliches Selbstbewusstsein nur durch dieses Untertauchen in den physischen Leib zu erringen ist.

Als was hat sich der Mensch früher gefühlt und empfunden? Nicht als ein selbstständiges Wesen, sondern als ein Glied des Göttlichen, dem er entsprungen war. Wie die Hand sich als ein Teil des Organismus des Menschen fühlt, so empfand sich der Mensch früher als ein Glied des göttlichen Ich. Nicht «Ich bin» empfand er, sondern: Gott ist, und ich bin in ihm.

Dem Erdplaneten, der die drei früheren Stufen durchgemacht hatte, war eine besondere Mission vorbehalten. Wir dürfen nicht glauben, dass man die planetarischen Zustände so betrachten kann, dass einer dem anderen gleichwertig sei. Nichts wiederholt sich, sondern jeder Planet hat seine besondere Mission. Unsere Erde hat die Mission, dass durch die sich auf ihr entwickelnden Wesen die Liebe bis zur höchsten Entfaltung ausgebildet werden soll. Liebe soll die Erde ganz und gar durchdringen, wenn sie am Ende ihrer Entwicklung angekommen sein wird.

Was heißt das: Die Erde ist der planetarische Zustand der Entwicklung der Liebe?

Wir sagen, der Erde ging der Mondzustand voran. Dieser hatte auch eine Mission. Er hatte die Aufgabe, der Planet oder der Kosmos der Weisheit zu sein. Die Erde hat vorher die Stufe der Weisheit durchgemacht. Eine einfache Betrachtung kann das nachweisen. Sehen wir die Natur mit allen ihren Wesenheiten nicht bloß mit dem Verstand an, sondern betrachten wir sie mit unseren Herz- und Gemütskräften: Wir finden überall Weisheit in der Natur ausgeprägt. Diese Weisheit ist so gemeint, dass sie in der Natur wie eine geistige Substanz allem zugrunde liegt. Betrachten wir das geringste Blumenblatt oder den komplizierten Bau des menschlichen Körpers: Weisheit hat das alles zusammengefügt. Menschliche Weisheit wird erst nach und nach das finden können, was als göttliche Weisheit die ganze Natur durchdringt. Im Laufe der Zeit wird menschliche Weisheit innerlich das erreichen, was göttliche Weisheit in die Erde hineingeheimnisst hat.

Aber diese Weisheit ist nicht immer so vollendet gewesen. Auch sie hat sich vorbereitet, wie die Liebe jetzt auf der Erde vorbereitet wird. Könnten wir auf den Anfang des Mondzustandes zurückblicken, so würden wir sehen, dass alle Dinge noch nicht von solcher Weisheit durchdrungen sind. Wir würden noch Unweises vorfinden. Vollendete Weisheit prägt sich erst nach und nach aus. Erst als der Mondzustand vollendet war, war alles von solcher Weisheit durchzogen, wie wir sie heute finden. Äußere Weisheit kam vom Mond herüber, innerliche Weisheit zieht erst mit dem menschlichen Ich ein. Diese muss der Mensch selbst nach und nach in sich entwickeln und sich erobern.

Ebenso entwickelt sich auf der Erde die Liebe. Sie trat zuerst in der alten lemurischen Zeit in der niedersten sinnlichen Gestalt ins Dasein. Sie wird sich nach und nach vergeistigen, bis am Ende des Erdzustandes alles von Liebe durchzogen sein wird – wie am Anfang allen Dingen die Weisheit eingeprägt war. Wenn die Menschen ihre Aufgabe erfüllen, wird das ganze Erddasein von Liebe durchdrungen sein, wie jetzt von Weisheit. Die Erde wird sich dann in den Jupiter verwandeln. Den Wesen, die auf dem Jupiter so herumwandeln werden wie die Menschen auf der Erde, denen wird die Liebe aus allem herausduften, wie heute der Mensch aus allem heraus Weisheit finden kann. Kosmische Liebe wird ihm dann entgegenduften, wie heute kosmische Weisheit alle Dinge durchdringt.

Der materialistische Sinn glaubt an nichts anderes als an menschliche Weisheit. Aber wie trügerisch ist sie! Wenn die Menschen bescheidener wären, würden sie einsehen, was kosmische Weisheit ist, die alle Dinge durchdringt und die schon am Anfang so weit war, wie die Menschenweisheit erst am Ende sein wird. Da deklamieren die Menschen von den großen Entdeckungen und Erfindungen und wie sie es so herrlich weit gebracht haben. Und sie achten nicht darauf, dass das, was sie bewundern und dessen sie sich rühmen, schon da war, ehe sie selbst da waren.

Nehmen wir nur ein Beispiel – wir könnten die ganze menschliche Kultur von einem ähnlichen Gesichtspunkt aus betrachten. In der Schule wird dem Kind eingetrichtert, welch große Erfindung der Neuzeit das Papier ist, welch großen Fortschritt das bedeutet. Die Wespe hat das Papier schon viele, viele tausend Jahre früher erzeugt, denn was die Wespen als Nest bauen, besteht aus ganz derselben Substanz wie das Papier. Es wird ganz auf dieselbe Weise erzeugt, nur aus dem Lebensprozess heraus. Die Gruppenseele der Wespen ist die Erfinderin des Papiers lange vor dem Menschen. Der Mensch tappt nur hinterher. Im Prinzip ist alles, was die Menschen erfinden, schon irgendwo vorhanden.

Was der Mensch aber selbst entwickelt, das ist die Liebe, die sich nach und nach von ihrer sinnlichen Gestalt bis zur Entfaltung der geistigen Liebe heraufentwickelt. Das ist die Mission des Erdplaneten: Er ist der Kosmos der Liebe. Alle andere Planeten haben auch ihre Aufgabe, jeder Planet eine andere.

Was gehört notwendig zur Liebe? Damit ein Wesen ein anderes lieben kann, muss es selbstständig sein. Kein Wesen kann ein anderes lieben, wenn diese Liebe nicht eine freie Gabe ist. Meine Hand kann nicht meinen Organismus lieben. Nur ein Wesen, das selbstständig ist, das vom anderen losgeschnürt ist, kann lieben. Der Mensch muss zu einem Ich werden, der dreifachen Leiblichkeit muss das Ich eingepflanzt werden, damit die Menschen ihre Mission der Liebe erfüllen können.

So wird es verständlich, wenn in der christlichen Esoterik gesagt wird: Ebenso wie andere Kräfte von der Gottheit hereingeströmt sind, so strömt während des Erddaseins die Liebe in dieses Dasein herein. Der Träger der Liebe kann nur ein selbstständiges Ich sein, das sich nach und nach in der Erdentwicklung herausbildet. Aber der Mensch muss zu allem ganz langsam vorbereitet werden, auch zu der gegenwärtigen Art seines Bewusstseins.

Setzen wir den Fall, dass gleich in der alten lemurischen Zeit der Mensch in seinen physischen Leib untergetaucht wäre und die volle äußere Wirklichkeit gesehen hätte. In solch schnellem Tempo hätte er sich die Liebe nicht einpflanzen können. Bevor er so weit war, dass er in hellem Tagesbewusstsein die Dinge um sich herum wahrnehmen konnte, wurde ihm, noch während er sich als Teil des Göttlichen fühlte, ihm selbst unbewusst, der Unterricht der

Liebe gegeben. Während die Seele lange Zeit außerhalb des Leibes war und einen dämmerhaften Bewusstseinszustand hatte, wurde die Liebe dem Menschen eingeprägt.

Versetzen wir uns in diese alte Zeit zurück. Der Mensch schläft des Abends ein. Kein schroffer Übergang besteht wie heute zwischen Wachen und Schlafen. Er versinkt nicht in einen unbewussten Zustand, lebendige Traumbilder tauchen auf. Der Mensch lebt sich in die geistigen Welten hinein, und während dieser Zeit träufelt ihm das göttlich-geistige Wesen, das über der Erde waltet, die ersten Keime des Liebeswirkens ein. Was sich durch die Erde offenbaren soll, das strömt zuerst während der Nacht in den Menschen ein. Der göttliche Geist offenbart sich zuerst in nächtlicher Zeit dem dumpfen Bewusstsein, bevor er sich dem hellen Tagesbewusstsein offenbaren kann.

Dann kommen langsam und allmählich die Zeiten, in denen der Mensch immer kürzer in diesem dumpf-hellseherischen Zustand ist. Immer klarer wird das Tagesbewusstsein. Immer schärfer erkennt der Mensch durch seine physischen Organe die Dinge um sich herum. Die aurischen Säume um die Gegenstände werden geringer, diese bekommen feste äußere Grenzen. Der Mensch hat, bevor er in seinem physischen Leib sich gefestigt hat, Sonne und Mond mit mächtigen Höfen gesehen, wie in einer Nebelmasse liegend.

Langsam reinigt sich die Atmosphäre. Die Dinge treten in festen Grenzen heraus. Allmählich kommt der Mensch in den Zustand, dass er die Dinge von außen sieht, während die Sonne die Erde bescheint. Was sich um ihn offenbart, die umherliegende Welt der Mineralien, Pflanzen und Tiere, das ganze Erddasein, empfindet er als die Offenbarung des Göttlichen, aus dem alles herausgeströmt ist. Denn was ist das, woraus sich unsere Erde im weitesten Umfang zusammensetzt? Es ist eine Offenbarung der inneren göttlich-geistigen Kräfte.

Ob wir den Blick zur Sonne emporrichten, ob wir die Erde mit unserem Blick umspannen – alles, was unsere Sinne wahrnehmen, ist ohne Ausnahme eine Offenbarung des göttlichen Geistes. Dieser liegt all dem zugrunde, was dem hellen Tagesbewusstsein erscheint. Und was hinter dem Sinnlichen ist, die unsichtbare Welt, nennt die christliche Esoterik den Logos oder das Wort. Alles, was sichtbar ist, ist durch das Wort entstanden. Alles ist Verkörperung des Logos.

So wie unsere Seele unsichtbar in uns waltet und sich nach außen hin einen Leib schafft, so schafft sich in der Welt jedes Seelische den ihm passenden physischen Leib und offenbart sich durch ihn. Wo ist der physische Leib des Logos, von dem das Johannes-Evangelium spricht, den es uns immer mehr zum Bewusstsein bringen will? Am reinsten erscheint der Logos im äußeren Sonnenlicht. Das ist nicht bloß etwas Materielles, das ist ebenso das Kleid des göttlichen Logos, wie unser Leib das Kleid unserer Seele ist.

Das physische Sonnenlicht ist nur die Außenseite. Ebenso wenig wie wir einen Menschen kennenlernen, wenn wir nur seine Außenseite abtasten, ebenso wenig dringen wir zum Seelisch-Geistigen des Sonnenlichtes vor, wenn wir nur dieses betrachten. Wenn wir zu einem anderen Menschen so stehen würden, wie die Mehrzahl der Menschen heute zur Sonne steht, so müssten wir denken, dass der Mensch nur den äußeren physischen Leib hat, dass wir ihn genügend kennen, wenn wir nur den Leib kennen. So stehen die Menschen heute zur Sonne!

Wenn wir aber zu dem Geistigen der Sonne durchdringen, wie wir durch den Leib des Menschen das Innere desselben kennenlernen, dann werden wir nicht nur das Sonnenlicht erfassen, sondern auch den Sonnengeist. In dem Sonnenlicht strömt ein Geistiges auf die Erde herab. Das Sonnenwesen, der Sonnengeist, das ist die Liebe, die auf die Erde herabströmt. Nicht nur das physische Sonnenlicht weckt das Leben der Pflanzen, die verkümmern müssten, wenn es nicht auf sie wirken würde, sondern auch die warme Liebe der Gottheit strömt mit dem Sonnenlicht auf die Erde und auf alle Erdwesen herab.

Die Menschen sind da, um diese Liebe aufzunehmen und zu erwidern. Das können sie aber nur tun, indem sie selbstständige Wesen geworden sind, die sich zum Ich umgestaltet haben, denn nur ein Ich kann lieben. Die Liebe des Logos strömt auf die Menschen hernieder, aber jene Menschen der ersten Zeit, die nur kurze Zeit im Tagesbewusstsein verweilten, konnten nichts von dieser Liebe vernehmen, die zugleich Leben und Licht ist. Sie konnten sie nicht in sich aufnehmen und sie begreifen: «Das Licht schien in der Finsternis, aber die Finsternis hat es nicht begriffen» (1,5).

Hätte sich dem Menschen das Sonnenlicht nur durch sein kurzes Tagesbewusstsein geoffenbart, hätten die Menschen nichts von diesem Licht begreifen können. Aber in dem dumpf-hellseherischen Traumbewusstsein, das den

Menschen in jenen Zeiten zu eigen war, da strömte auch die Liebe ein.

Da blicken wir auf ein großes, wichtiges Mysterium unserer Erde. Wir fassen ins Auge, dass die Lenkung der Erde so beschaffen war, dass die Liebe zuerst in das dumpfe, dämmerhafte Bewusstsein einströmte. Dadurch wurde die Entwicklung der Liebe so vorbereitet, dass sie später in das helle Tagesbewusstsein einziehen konnte. So sehen wir, wie die Erde zu dem wird, was ihre Mission ist: zum Kosmos der Liebe.

Die Erde wird von der Sonne von außen beschienen. Wie der Mensch die Erde bewohnt und sich die Liebe aneignet, so bewohnen höhere Wesen die Sonne, die dort ihren Wohnplatz haben. Der Mensch ist ein Erdbewohner, das heißt ein Wesen, das sich die Liebe im Laufe seiner Entwicklung aneignet. Was bedeutet es, ein Sonnenbewohner zu sein? Ein Sonnenbewohner ist ein Wesen, das die Liebe geben kann, ausströmen kann. So sehen wir, wie die Erdbewohner von den Sonnenbewohnern die Liebe als Geschenk empfangen.

Wahrhaftig strömt von der Sonne mit jedem Lichtstrahl nicht nur Licht und Wärme, sondern auch die Liebe herab. Das ist eine viel realere Wirklichkeit als die Wirkung der Sonnenstrahlen, die die äußere Forschung findet. Die Wesen, die so hoch entwickelt sind, dass sie Liebe ausströmen können, haben die Sonne zu ihrem Schauplatz, zu ihrem Wohnort gemacht. Sieben solcher Hauptwesen hatten diese hohe Entwicklung erlangt. Da berühren wir eines der tiefsten Mysterien, die die Geisteswissenschaft enthüllt.

Unten auf der Erde finden wir im Beginn der Entwicklung die kindliche Menschheit, die die Liebe aufnehmen soll, die jetzt erst zur Aufnahme des Ich bereit ist. Die Sonne trennt sich von der Erde ab und steigt zu einem höheren Dasein auf. Auf ihr können sich sieben Lichtgeister entwickeln, die die gebenden Geister der Liebe sind.

Sechs von ihnen nehmen auf der Sonne Wohnung, sechs «Elohim» oder Lichtgeister. Einer spaltet sich von ihnen ab und geht zum Heil der Menschheit einen anderen Weg. Er wählt sich nicht die Sonne zu seinem Aufenthalt, er

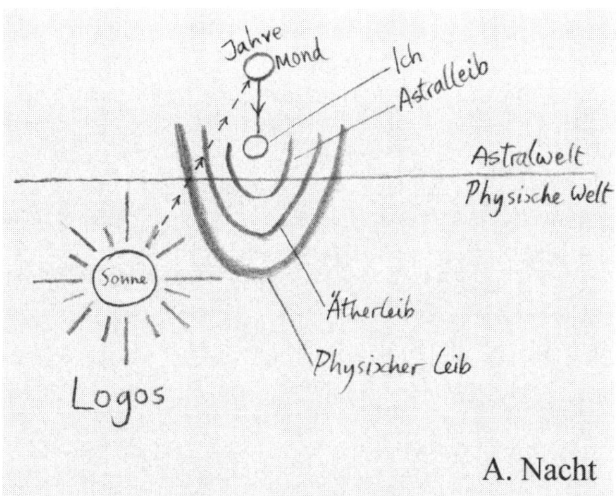

A. Nacht

verzichtet freiwillig auf das Sonnendasein. Derjenige der Elohim, der dieses Opfer bringt, ist der alttestamentliche Jahve oder Jehova. Er wählt sich den Mond zu seinem Aufenthalt und strömt vom Mond die Liebe auf die Erde herab. Schauen wir hin auf dieses Mysterium: Die Nacht gehört dem Mond. Als der Mensch noch nicht so weit war, dass er den Strom der Liebe im direkten Sonnenlicht empfangen konnte, da empfing er die reflektierte Kraft der Liebe vom Mondlicht. Jahve oder Jehova, den Mondregenten, nennt man den Regierer der Nacht. Er bereitet die Menschheit auf die Liebe vor, die da während des hellen Tagesbewusstseins scheinen soll.

Die Himmelskörper werden in der Zeichnung nur symbolisiert (s. Zeichnungen). Wir haben da die Sonne und den Mond. Der Mond sendet die reflektierten Sonnenstrahlen. Es ist dasselbe Licht, das von der Sonne kommt, nur abgeschwächt. So reflektiert Jahve die Kraft der Liebe der sechs Elohim. Er strömt sie während des Nachtschlafes in die

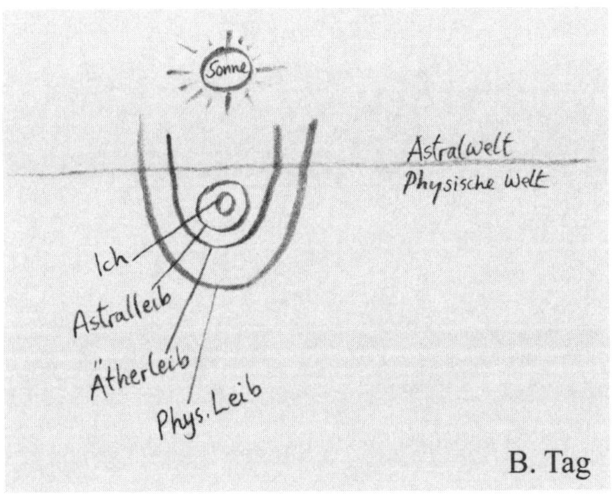

B. Tag

Menschen ein und bereitet sie vor, dass sie fähig werden, später auch während des Tagesbewusstseins die Kraft der Liebe zu empfangen. («B» ist das Bild des Tageswachens; «A» ist das Bild des schlafenden Menschen.) Das ganze

System des Menschen wird von der Sonne beschienen. Der Mond ist das Sinnbild für Jahve, die Sonne das Sinnbild für den Logos – das ist nichts anderes als das Sinnbild für die anderen sechs Elohim. Man muss über eine solche Zeichnung immer wieder meditieren.

Durch lange Zeiten hindurch wird im nächtlichen Bewusstsein durch den Jahve-Gott die Kraft der Liebe den Menschen auf unbewusste Art eingepflanzt. So ist der Mensch auf den Logos vorbereitet worden, um seine Liebe in ihrer ganzen Kraft zu empfangen. Wie ist das geschehen?

Wir kommen da zu der anderen Seite dieses Mysteriums. Im Plan lag es, dass der Mensch dazu berufen ist, die selbstbewusste Liebe auf der Erde zu erobern. Er muss während des hellen Tagesbewusstseins einen Lehrer und Führer in der Liebe haben, der ihm so gegenübertritt, dass er ihn im hellen Tagesbewusstsein wahrnehmen kann. Jahve wirkte während des Schlafes im dumpfen Traumbewusstsein. Nach und nach muss etwas eintreten, was es dem Menschen möglich macht, nach außen das Wesen der Liebe selbst physisch zu sehen.

Das kann nur dadurch geschehen, dass das Wesen der Liebe, der Logos, ein fleischliches Wesen auf der Erde wird, damit der Mensch ihn durch seine Sinne wahrnehmen kann. Weil der Mensch seinen Lehrer und Führer in der Liebe in wahrnehmbarer Form haben muss, muss der Logos, der Gott, ein Sinnenwesen werden. Er muss in eine Leiblichkeit eintreten.

Das geschah durch den Jesus von Nazareth. Die historische Erscheinung des Christus Jesus bedeutet nichts anderes, als dass die Kräfte der sechs Elohim sich verkörpert haben, dass die geistige Kraft der Sonnengeister real da ist in der Welt der Sichtbarkeit. Was in der Sonne liegt, die Kraft der Logosliebe, hat physische Menschengestalt in dem Leib des Jesus von Nazareth angenommen. Da ist der Gott dem Menschen in leibhafter Gestalt für das äußere Sinnenbewusstsein gegenübergetreten.

Was also ist das Wesen des Christus Jesus, mit dem unsere Zeitrechnung beginnt? Nichts anderes als die Verkörperung des Logos, der sechs Elohim, denen der siebte Elohim, der Jahve, vorbereitend vorangegangen war. Der Sonnen-Logos, der sich in der Gestalt des Jesus von Nazareth inkarniert hat, hat das, was früher nur im Sonnenlicht vorhanden war, in das Menschenleben, in die Menschheitsgeschichte hineingebracht: «Und der Logos, das Wort, ist Fleisch geworden.» (1,14).

Darauf legt das Johannes-Evangelium den allergrößten Wert. So wie eingeweihte christliche Schüler dieses Fleischwerden des Logos verstanden, traten andere auf, die das nicht in vollem Maße verstanden. Sie verstanden, dass all dem, was in die Erscheinung tritt, ein Seelisch-Geistiges zugrunde liegt, aber sie verstanden nicht, dass der Logos selbst in einem Menschen Fleisch geworden ist. Das konnten sie nicht verstehen. Das sind die Gnostiker. Dadurch unterscheidet sich die Gnosis der ersten christlichen Jahrhunderte von der wahren esoterischen Schule, der der Schreiber des Johannes-Evangeliums angehört, der da sagt: Nicht nur ein Übersinnliches – wie die Gnosis annimmt –, sondern das Wort selbst ist Fleisch geworden und hat unter uns gewohnt.

Das ist der Unterschied zwischen der Gnosis und der christlichen esoterischen Lehre. Die Gnosis erkennt den Christus bloß als geistiges Wesen an, sie sieht in dem Christus Jesus einen bloß unsichtbaren Christus. Das Johannes-Evangelium aber sagt: In Jesus von Nazareth ist der fleischgewordene, der menschgewordene Logos selbst erschienen, der Lehrer und Führer der Menschheit. Derjenige, der der Beginn unserer Zeitrechnung ist, ist wirklich die Verkörperung der sechs Elohim, des Logos auf der Erde.

Dadurch ist das, was die Erde werden soll – der Kosmos der Liebe –, durch das Ereignis von Palästina erst richtig in sie eingetreten. Vorher war alles Vorbereitung. Als was können wir also den Christus bezeichnen? Als den Lehrer, als den großen Bringer und Verlebendiger des menschlichen selbstbewussten und freien Wesens. Fassen wir das in kurze Sätze zusammen, so können wir sagen:

> Die Erdentwicklung ist dazu da, den Menschen selbstbewusst zu machen, das heißt, zum vollen Bewusstsein seines Ich zu bringen. Vorher war alles nur Vorbereitung. Der Christus gibt den Impuls, dass der einzelne Mensch zum Empfinden seines Ich in vollem hellen Tagesbewusstsein kommen kann. Sein Erscheinen gibt der ganzen Entwicklung einen kräftigen Ruck.

Man kann diesen Ruck durch die Entwicklung des Christentums aus der alttestamentlichen Lehre verfolgen. Da empfand der Mensch noch nicht das «Ich bin» in seiner einzelnen Persönlichkeit. Er hatte noch einen Rest von dem alten

Traumbewusstsein, wo sich der Mensch als Glied des göttlich-geistigen Daseins fühlt. Vom Gruppenseelenhaften ist der Mensch ausgegangen und er ist zum Ich-Bewusstsein vorgeschritten. Der Christus ist die Kraft, die den Menschen zu dem freien Ich-Bewusstsein gebracht hat.

Schauen wir auf dieses Erscheinen des Christus in seiner vollen Gewalt. Der Bekenner des Alten Testamentes sagt noch nicht zu seiner einzelnen, abgeschlossenen Persönlichkeit: «Ich bin». Er fühlt sich noch in seinem Volk eingebettet. Wie der Christ das «Ich bin» fühlt, fühlt es nicht der Bekenner der alttestamentlichen Lehre. Dieser fühlt sich als Angehöriger des Gruppen- oder Volks-Ich. Wenn er sein Selbstbewusstsein aussprechen will, dann sagt er: Mein Bewusstsein reicht hinauf bis zu Vater Abraham; da fühle ich mich geborgen in der geistigen Objektivität der Welt; ich und der Vater Abraham sind eins!

Er sieht hinauf zu Vater Abraham und sagt: In meinen Adern rollt dasselbe Blut wie in Vater Abraham; er ist die Wurzel, aus der die einzelnen Glieder hervorgegangen sind! Dann kommt der Christus Jesus und sagt:

> Bisher haben die Menschen nach dem Fleisch, nach der Abstammung geurteilt. Ihr aber sollt euch in einem anderen Zusammenhang denken, in einem viel geistigeren Zusammenhang, der nicht durch die Blutsbande bestimmt ist. Es gibt einen geistigen Vatergrund, in dem das Ich wurzelt, das in euch und in mir ruht. Das ist nicht eins mit dem Vater Abraham, das ist eins mit dem göttlichen Vatergrund.

Der Christus Jesus sagt: «Bevor Abraham war, war das ‹Ich bin› (8,58)», das nicht mit jenem Vaterprinzip eins ist, das von Abraham herrührt, sondern mit jenem Vaterprinzip, das die geistige Welt durchpulst, das Anfang und Ziel des Daseins ist. Es ist eins mit dem Weltgrund, aus dem alles entstanden ist und zu dem alles zurückkehrt: «Ich und der Vater sind eins» (10,30). Das ist das wichtige Wort, das wir in tiefer Seele empfinden müssen. Dann begreifen wir den Ruck, der mit dem Erscheinen des Christus Jesus in die Entwicklung der Erde eingetreten ist. Er ist der große Lehrer des «Ich bin».

Versuchen wir auf das hinzuhorchen, was sich da offenbart. Vorher hatte kein einzelner fleischlicher Mensch existiert, der sich das «Ich bin» hätte beilegen können. Daher nannte die christlich-esoterische Schule das «Ich bin» den Namen des Christus Jesus. Das war der Name, in dem die Schüler sich verbunden fühlten.

So müssen wir uns dieses wichtigste Kapitel des Johannes-Evangeliums verdeutlichen. Immer da, wo steht: «Ich bin» – wie: Ich bin das Licht der Welt –, können wir das wörtlich nehmen: Das «Ich bin», das zum ersten Mal im Fleisch verkörpert auftritt, ist das Licht der Welt. Im 8. Kapitel, von Vers 12 an, finden wir eine Umschreibung von dieser tiefen Wahrheit des «Ich bin». Lesen wir es so, dass wir diese Wahrheit vor der Seele behalten, dann erscheint dieses Kapitel im rechten Licht. Das Wesen, das zu sich «Ich bin» sagen kann, ist die Kraft des Lichtes der Welt. Es sagt: «Wer mir nachfolgt, der wird nicht wandeln in der Finsternis, sondern wird das Licht des Lebens haben» (8,12).

Wer mir bei hellem, lichten Tagesbewusstsein nachfolgt, der wird das sehen, was derjenige nicht sehen kann, der im Finsteren wandelt.

Da sprachen die Pharisäer zu ihm: Du berufst dich auf das «Ich bin», du gibst Zeugnis von dir selbst; dein Zeugnis ist nicht wahr (8,13); wir berufen uns auf das Wort von Vater Abraham! Das gab ihnen die Kraft, die sie dazu berechtigte, als selbstständige Wesen aufzutreten. Jesus antwortete: Wenn jemand vom «Ich bin» in demselben Sinne redet wie ich, dann ist sein Zeugnis wahr. Denn ich weiß, dass dieses Ich vom kosmischen Vater herrührt (s. auch S. 67):

> «Jesus antwortete und sprach zu ihnen: Auch wenn ich von mir selbst zeuge, ist mein Zeugnis wahr; denn ich weiß, woher ich gekommen bin und wohin ich gehe; ihr aber wisst nicht, woher ich komme oder wohin ich gehe. Ihr richtet nach dem Fleisch, ich richte niemand.» (8, 14-15).

Der Christus Jesus sagt: Ich beurteile nicht das Nichtige; und wenn ich urteile, so ist mein Urteil vom kosmischen Vater. Dann ist das Ich nicht allein für sich, sondern das Ich ist vereint mit dem Vater, von dem das Ich stammt: «Wenn ich aber richte, so ist mein Richten gerecht; denn ich bin nicht allein, sondern ich und der Vater, der mich gesandt hat.» (8,16). Überall finden wir den Hinweis auf den göttlichen Vater. Dieses Kapitel enthält das große Lehrwort, das die lebendige Quintessenz des Christentums in sich enthält.

So haben wir uns mehr in die Worte des Johannes-Evangeliums vertieft, als wenn wir sie nur äußerlich interpretiert hätten. Das Wesentliche des Christentums bezeichnen sie.

Gerade dadurch, dass wir solche Kraft-, Kern- und Urworte verstehen lernen, kann Licht und Klarheit in das Johannes-Evangelium hineinkommen. Nehmen wir sie als Lehre, die immer in den christlich-esoterischen Schulen gelehrt worden ist und die der Schreiber des Johannes-Evangeliums für diejenigen aufgeschrieben hat, die in den Sinn desselben eindringen wollen.

8,15: «Ihr beurteilet nach dem Fleisch; ich beurteile
nicht Nichtiges; und wenn ich urteile, so ist mein
Urteil ein wahres; denn dann ist das Ich nicht
allein für sich; sondern das ‹Ich› ist vereint
mit dem Vater, von dem dies ‹Ich› herstammt.»

hält. So haben wir uns vertieft in die Worte des Johannes-Evangl. mehr als wenn wir sie nur äußerlich interpretiert hätten. Das Wesentlichen des Christentums bezeichnen sie: Grade dadurch, daß wir verstehen lernen solche Kraft u. Kern u. Urworte kam Licht u. Klarheit in das Joh. Evangl. hinein kommen. Nehmen wir sie als Lehre, die immer in den christl. esoterisch. Schulen gelehrt worden ist, und die der Schreiber des Johannes Evangl. aufgeschrieben hat für diejenigen die wirklich eindringen wollen in den Sinn desselbe[n]

IV.

22. Mai 1908

Es dürfte wohl aus den 3 bisherigen Vorträgen einigermaßen hervorgegangen sein, daß man im Joh. Evgl. die tiefsten – auch theosophischen – Wahrheiten wiederzufinden in der Lage ist; aber ebenso klar ist es, daß wir, um diese Wahrheiten zu finden, jedes Wort des Joh. Ev. wirklich auf die Goldwage legen müssen. Es kommt in der Tat bei diesen religiösen Urkund[en] darauf an, daß der wirkliche, echte Wortlaut absolut verstanden wird, denn *alles* ist in ihr von der denkbarsten Bedeutung. Aber nicht nur der Wortlaut dieses oder jenes Satzes kommt in Betracht, sondern auch die Gliederung, die Compositio[n]

Vierter Vortrag

Die Auferweckung des Lazarus

Von der Gruppen-Seele zum Ich-Geist

Hamburg, 22. Mai 1908

Meine lieben theosophischen Freunde!

Es dürfte aus den drei bisherigen Vorträgen hervorgegangen sein, dass wir im Johannes-Evangelium die tiefsten – auch theosophischen – Wahrheiten wiederzufinden in der Lage sind. Aber ebenso klar ist es, dass wir, um diese Wahrheiten zu finden, jedes Wort des Johannes-Evangeliums auf die Goldwaage legen müssen.

Es kommt bei dieser religiösen Urkunde darauf an, dass der Wortlaut verstanden wird, denn alles in ihr ist von der denkbar tiefsten Bedeutung. Aber nicht nur der Wortlaut dieses oder jenes Satzes kommt in Betracht, sondern auch die Gliederung, die Komposition, die Zusammensetzung dieser Urkunde. Die Menschen haben heute nicht mehr eine Empfindung für den architektonischen Aufbau und die innere Gliederung solcher alten Urkunden.

Die alten Schriftsteller haben mehr Sinn in ihre Werke hineingelegt, als man gewöhnlich glaubt. Wir brauchen nur an einen verhältnismäßig späten Dichter zu erinnern, an Dante. In seiner *Göttlichen Komödie* ist alles architektonisch aufgebaut, in Gliederungen, denen die Zahl 3 zugrunde liegt. Nicht umsonst schließt jeder Teil der *Divina Commedia* mit dem Wort «Sterne». Das nur, um anzudeuten, wie architektonisch die alten Schriftsteller ihre Sachen aufgebaut haben. Insbesondere bei den alten religiösen Urkunden dürfen wir das niemals aus dem Auge verlieren. Denn wir können sehr Bedeutsames herausfinden, sobald wir das verstehen.

Da ist zum Beispiel zu erinnern, dass am Ende des 10. Kapitels des Johannes-Evangeliums ein Satz im 41. Vers steht, wo es heißt: «Und viele kamen zu ihm und sprachen: Johannes hat kein Zeichen getan; aber alles, was Johannes von diesem gesagt hat, das ist wahr.» (10,41). In diesem Vers finden wir einen Hinweis darauf, dass alles, was als Zeugnis über den Christus Jesus abgelegt wird, wahr ist.

Gehen wir jetzt zum Schluss des Johannes-Evangeliums – Kapitel 21, Vers 24 – da heißt es: «Dies ist der Jünger, der dies alles bezeugt und aufgeschrieben hat, und wir wissen, dass sein Zeugnis wahr ist.» (21,24). Am Schluss des Ganzen finden wir wieder den Hinweis, dass das Zeugnis dessen, der da zeugt, wahr ist. Solche Kongruenzen, solche Harmonien, die wir da finden, sind in solchen alten Urkunden niemals ohne Bedeutung. Gerade hinter solchen Kongruenzen verbirgt sich Bedeutsames.

Es steht im Mittelpunkt des Johannes-Evangeliums die Mitteilung einer Tatsache, ohne deren Verständnis dieses Evangelium überhaupt nicht verstanden werden kann. Unmittelbar nach dieser Stelle, wo das Wort zur Bekräftigung der Wahrheit des Zeugnisses angeführt wird, steht das 11. Kapitel von der Auferweckung des Lazarus. Durch dieses Kapitel zerfällt das Johannes-Evangelium in zwei Teile. Am Ende des ersten Teils ist darauf hingewiesen, dass für all das, was über den Christus Jesus gesagt wird, das Zeugnis von Johannes dem Täufer gelten soll. Und am Ende wird darauf hingewiesen, dass für das, was nach dem 11. Kapitel steht, das Zeugnis dessen gelten soll, der das Johannes-Evangelium geschrieben hat und von dem man öfter das Wort hört, dass «der Herr ihn lieb hatte».

Was bedeutet die Auferweckung des Lazarus? Erinnern wir uns daran, wie nach derselben ein merkwürdiger Satz im Johannes-Evangelium steht. Stellen wir uns die ganze Situation vor: Der Christus Jesus vollbringt etwas, was man ein «Wunder» nennt – was im Johannes-Evangelium ein «Zeichen» genannt wird. Und die Pharisäer sagen darauf: Dieser Mensch tut viele Zeichen; wir können keine Gemeinschaft mit ihm haben! Wenn wir diese Worte ernst nehmen, so müssen wir – wie auch immer wir sie auffassen wollen – uns fragen: Was liegt da zugrunde?

Die Auferweckung eines Menschen ist das, was die Gegner des Christus Jesus bewog, gegen ihn aufzutreten. Warum beginnt gerade durch sie die Verfolgung? Warum regt sie eine Auferweckung so auf? Jeder, der zu lesen versteht, kann wissen, dass sich in diesem Kapitel ein tiefes Mysterium verbirgt: das Mysterium, das die Mitteilung enthält, wer der wirkliche Autor des Johannes-Evangeliums ist, der all das sagt, was im Johannes-Evangelium gesagt wird.

Um das zu verstehen, müssen wir einen Blick auf das werfen, was man in den Mysterien die Einweihung nennt. Wie ging diese vor sich?

Wenn ein Mensch genug Erfahrungen und Erlebnisse in der äußeren Welt gesammelt hatte, sodass er reif und geeignet geworden war, in die höheren Welten hinaufgeführt zu werden, dann wurde er in die Mysterienstätte hereingezogen. Einen solchen Menschen gab es überall in Ägypten, in Chaldäa, in Persien und in Indien. Er wurde dann lange in den Dingen unterrichtet, die heute in der Theosophie gelehrt werden. Wenn er genügend vorbereitet war, dann folgte das, was ihm den Weg bot, selbst zu schauen, was ihn vorher nur gelehrt worden war.

In den alten Zeiten konnte das nur dadurch bewirkt werden, dass der Mensch in Bezug auf seine physischen Glieder in einen ganz besonderen Zustand versetzt wurde. Er wurde von dem priesterlichen Initiator, der die Sache verstand, für dreieinhalb Tage in einen totenähnlichen Schlafzustand versetzt. Aus welchem Grund musste das sein? Wenn der Mensch im heutigen Entwicklungszyklus schläft, dann liegen sein physischer Leib und sein Ätherleib im Bett. Sein Astralleib und sein Ich sind herausgezogen, sie sind in den geistigen Welten. Der Mensch kann aber nicht irgendwelche geistigen Ereignisse dort wahrnehmen, weil er nicht die geistigen Sinnesorgane entwickelt hat. Wenn er wieder in seinen physischen und Ätherleib hineinschlüpft, nimmt er nur die physische Welt durch seine Sinne wahr.

Durch das, was der Schüler in jenen alten Zeiten vor seiner Einweihung gelernt hatte, wurde er fähig, seine geistigen Sinnesorgane auszubilden. Wenn er so weit war, dass sein Astralleib diese Sinnesorgane ausgebildet hatte, dann musste dafür gesorgt werden, dass alles, was der Astralleib in den höheren Welten aufnahm, sich in den Ätherleib eindrückt, wie sich ein Petschaft in den Siegellack eindrückt.

Das ist es, worauf es ankam. Alle Vorbereitung, deren Ende die Einweihung war, beruhte darauf, dass der Mensch sich solchen inneren Vorgängen hingab, die seinen Astralleib umorganisieren. Die astralen Organe entwickeln sich durch solche inneren Vorgänge.

Der Mensch hatte am Anfang auch keine physischen Organe. Das Licht ist es, das das Auge geschaffen, herausgeformt hat. Der Ton ist es, der das Ohr herausgeformt hat. Was der Mensch in der Meditation und Konzentration innerlich erlebt durch die Übungen, die ihm angegeben sind, das wirkt so auf seinen Astralleib, dass die Erkenntnisorgane herausgeformt werden, um zum Schauen zu kommen. Er kann dann die höheren Welten erleben. Beim gewöhnlichen Menschen sind sie in unserem Entwicklungszyklus noch nicht fest genug im Astralleib. Durch solche Übungen werden sie nach und nach gefestigt, sodass sie dem Ätherleib eingeprägt werden können. Solange dieser aber im physischen Leib drinsteckt, ist es außerordentlich schwer, dass der Astralleib sie abdrücken kann.

Insbesondere in alten Zeiten war es nicht möglich, dass sich das, was sich durch die Übungen ausgebildet hatte, auch in den Ätherleib abdrückte, solange dieser im physischen Leib drinsteckte. Es musste der Ätherleib aus dem physischen Leib herausgeholt werden. In dem dreieinhalb Tage dauernden totenähnlichen Zustand geschah es dem physischen Leib, dass der Ätherleib aus ihm herausgehoben wurde. Der Astralleib drückte in den Ätherleib das ab, was der Mensch in den geistigen Welten erlebt hatte. Wurde der Einzuweihende dann durch den priesterlichen Initiator in den physischen Leib zurückgerufen, so war er ein Zeuge dessen geworden, was in den geistigen Welten vorgeht.

Diese Art der Einweihung, diese dreieinhalb-tägige Heraushebung des Ätherleibes, ist durch den Christus Jesus unnötig geworden. Es sollte Schluss gemacht werden mit dieser Art der Einweihung. Gerade im Johannes-Evangelium liegen die starken Kräfte, die eine Umänderung herbeiführen. Zu dieser Umänderung muss aber erst das da sein, was der Christus Jesus auf die Erde gebracht hat. Vorher waren die Menschen noch nicht so weit, dass sie durch Meditation und Konzentration das, was im Astralleib vorgebildet ist, selbst in den Ätherleib abdrucken konnten. Da mussten die alten priesterlichen Initiatoren eingreifen.

Die Einweihung ist ein Vorgang, der sich oft und oft in den alten Mysterien abgespielt hat. Der Einzuweihende wurde durch den Initiator in jenen totenähnlichen Schlaf gebracht und in seinem Ätherleib durch die höheren Welten hindurchgeführt. Dann, wenn er in seinen physischen Leib zurückgerufen wurde, war er ein Zeuge der geistigen Welten geworden. Das wurde immer im tiefsten Geheimnis vollbracht. Nichts wusste die äußere Welt von diesen Vorgängen in den Mysterienstätten.

Durch den Christus Jesus sollte an die Stelle jener alten Einweihung, die nur wenigen reifen Menschen zuteil wurde, die Einweihung treten, die für alle Menschen da ist. Es sollte Schluss gemacht werden mit dem alten Einweihungsprinzip. Es musste aber auch ein Übergang von der alten in die neue Zeit gefunden werden. Einer sollte eingeweiht werden zum letzten Mal nach dem alten Prinzip und zum ersten

Mal nach dem neuen Prinzip. Das konnte nur der Christus Jesus selbst unternehmen.

Wo auf die Krankheit des Lazarus hingewiesen wird, da heißt es: Diese Krankheit ist nicht zum Tod. Das ist nur eine Maskierung, eine verschleierte Darstellung der Einweihung. Die Individualität, die im Lazarus ist, soll durch den Christus Jesus selbst eingeweiht werden, sodass sie von den geistigen Welten Zeugnis ablegen kann. Da wird ein bedeutsames Wort gesagt: Jesus hatte den Lazarus lieb. Was bedeutet das? Liebhaben heißt in der Mysteriensprache das Verhältnis des Meisters zum Schüler. Derjenige, den der Meister am liebsten hat, das ist der intimste, der eingeweihte Schüler.

Als Eingeweihter erhebt sich Lazarus aus seinem Grab, das heißt aus seiner Einweihungsstätte. Dasselbe Wort – «derjenige, den der Herr lieb hat» – wird immer von dem gesagt, der der Lieblingsschüler ist. Er ist es, auf den das Johannes-Evangelium zurückgeht. Der Schreiber des Johannes-Evangeliums, er ist selbst der auferweckte Lazarus. Er will sagen: Was ich zu sagen habe, das habe ich zu sagen kraft der Einweihung, die mir von dem «Herrn» selbst zuteil geworden ist.

Daher unterscheiden wir zwischen dem, was vor dieser Auferweckung und dem, was nach ihr geschehen ist. Vor der Auferweckung des Lazarus wird Johannes der Täufer als Zeuge angeführt. Von ihm wird gesagt, dass sein Zeugnis, das auf der alten Einweihung beruht, wahr ist. Aber die tiefsten Dinge, die über das Mysterium von Palästina zu sagen sind, können erst nach der Auferweckung des Lazarus gesagt werden. So haben wir im ersten Teil das Zeugnis des alten Johannes und im zweiten Teil das Zeugnis des neuen Johannes, des auferweckten Lazarus, den der Herr selbst auferweckt hat.

Wenn wir die verschiedenen Kapitel des Johannes-Evangeliums so auffassen, dann erfassen wir es in seinem wirklichen Sinn, das heißt vom Standpunkt des neuen Johannes. Dieser sagt: Ich berufe mich in meinem Zeugnis auf meine übersinnlichen Augen. Ich spreche nicht von der physischen Welt, sondern von dem, was ich in der geistigen Welt gesehen habe, in der ich dadurch war, dass der Herr selbst mir die Einweihung zuteil werden ließ.

So müssen wir die Charakteristik des Christus Jesus, wie sie uns in den Kapiteln 1 bis 10 entgegentritt, auf die Erkenntnis eines Menschen zurückführen, der nicht im tiefsten Sinne eingeweiht war. Jemand könnte sagen: Wir haben doch im ersten Kapitel so tiefe Worte über den Christus als verkörperten Logos – als das Leben und das Licht der Welt – gehört; wie ist es möglich, dass so tiefe Worte schon im ersten Kapitel ausgesprochen werden!

Das ist nichts Verwunderliches, denn der «Christus» war keine unbekannte Wesenheit in den alten Mysterien. Die alten Mysterien wiesen immer auf den Einen hin, der da kommen soll. Daher nannte man sie «Propheten». Die ganze alte Einweihung zielte darauf ab, dem Einzuweihenden klarzumachen, dass sich in der Zukunft der «Christus» der Menschheit enthüllen wird. Und aus dem Täufer, der aus einer solchen Mysterienstätte hervortritt, ertönt die Wahrheit, die aus dem Mysterienwissen stammt, dass der von allen

Prophezeite – derjenige, der da kommen soll und auf den alle warten –, dass der in dem Christus Jesus vor ihm steht.

Der ganze Zusammenhang, wie der Täufer zu dem Christus Jesus steht, wird am klarsten durch die Beantwortung zweier Fragen: Wie stellt sich der Täufer in seine Zeit hinein? und: Wer ist er?

Er ist jemand, der wie alle anderen, die durch die Mysterien gegangen sind, den Hinweis auf den Kommenden erhalten hat, auf den Christus. Aber er ist der Einzige, welchem dem Christus gegenüber die Erkenntnis aufgeht, dass das der Christus ist. Und in den Pharisäern sehen wir diejenigen, die ihm mit der alten Einweihung widerstreben, die in ihrem konservativen Sinn nicht zugeben können, dass das Neue, das lang Verheißene, endlich gekommen ist. Sie sagen: Es darf nicht an dem Alten gerüttelt werden; es muss bei dem alten Einweihungsprinzip bleiben! Sie widersprechen sich selbst, denn sie hoffen auf einen, der da kommen soll, auf den Messias, aber sie glauben nicht an ihn, wo er vor ihnen da steht.

Das liegt allem Konservativismus zugrunde. Diesen Widerspruch finden wir immer wieder in ihm. Daher verpönen die Pharisäer den Johannes. Sie müssen darin einen Bruch mit dem alten Einweihungsprinzip sehen, als der Christus den Lazarus einweiht und ihn vor aller Augen aus dem Todesschlaf herausholt. Sie müssen sagen: Mit dem, was er getan hat, hat er die alten heiligen Mysteriengeheimnisse verraten. Er hat öffentlich gemacht, was bisher aufs Strengste in den Tiefen der Mysterien eingeschlossen war. Das ist ein

Verrat. Das ist ein Bruch mit der geheiligten Tradition. Das ist der Grund zur Verfolgung, die von da an beginnt.

Als was erweist sich also Johannes der Täufer in den ersten Kapiteln? Er erweist sich als ein solcher, der weiß von der Mysterienwahrheit über den Christus, der da kommen soll. Er weiß das so gut, dass er das wiederholen kann, was in den ersten Worten des Johannes-Evangeliums steht und was nichts anderes ist als das Wissen, das in den Mysterienschulen überliefert wurde. Wir wollen auch auf das Rücksicht nehmen, was über den Täufer selbst gesagt wird:

> «Im Urbeginn war das Wort und das Wort war bei Gott und ein Gott war das Wort. Dieses war im Urbeginn bei Gott. Alles ist durch dasselbe geworden und außer durch dieses ist nichts von dem Entstandenen geworden. In diesem war das Leben, und das Leben war das Licht der Menschen. Und das Licht schien in der Finsternis, aber die Finsternis hat es nicht begriffen. Es ward ein Mensch, gesandt war er von Gott, mit seinem Namen Johannes. Dieser kam zum Zeugnis, auf dass er Zeugnis ablege von dem Licht und dass durch ihn alle glauben sollten. Er war nicht das Licht, sondern ein Zeuge des Lichtes. Denn das wahre Licht, das alle Menschen erleuchtet, sollte in die Welt kommen. Es war in der Welt und die Welt ist durch es geworden, aber die Welt hat es nicht erkannt. In die einzelnen Menschen, bis zu den Ich-Menschen kam es, aber die einzelnen Menschen, die Ich-Menschen, nahmen es nicht auf. Die es aber aufnahmen, die konnten sich durch es als Gottes Kinder offenbaren. Die seinem Namen vertrauten sind nicht aus

> Blut, nicht aus dem Willen des Fleisches und nicht aus menschlichem Willen, sondern aus Gott geworden. Und das Wort ist Fleisch geworden und hat unter uns gewohnt und wir haben seine Lehre gehört, die Lehre von dem eingeborenen Sohn des Vaters, erfüllt von Hingabe und Wahrheit. Johannes legt Zeugnis von ihm ab und verkündet deutlich: Dieser war es, von dem ich sagte: Nach mir wird derjenige kommen, der vor mir gewesen ist, denn er ist mein Vorgänger. Denn aus dessen Fülle haben wir alle genommen Gnade über Gnade. Denn das Gesetz ist durch Moses gegeben, die Gnade und die Wahrheit ist durch Jesus Christus entstanden. Gott hat niemand bisher mit Augen geschaut. Der eingeborene Sohn, der im Inneren des Weltenvaters war, er ist der Führer in diesem Schauen geworden.» (1,1-18).

Was ist der Sinn dieser ersten Worte des Johannes-Evangeliums? Als was erklärt sich da Johannes der Täufer selbst? Erinnern wir uns, dass Priester und Leviten geschickt werden, um auszukundschaften, wer er sei. Und er sagt: Ich bin die Stimme eines Rufers in der Einsamkeit. Das sind die Worte, die da stehen – «in der Einsamkeit» steht da ganz wörtlich; auf griechisch: ἐν τῇ ἐρήμῳ (en te eremo). Das Wort «Eremit» ist danach gebildet. Wir werden verstehen, dass dies richtiger ist, als zu sagen: Ich bin die Stimme eines «Predigers in der Wüste».

Um uns klar vor Augen zu führen, warum sich Johannes als die Stimme eines Rufers in der Einsamkeit charakterisiert, müssen wir auf das zurückkommen, was wir über den

Entwicklungsgang der Menschheit gesagt haben. Wir haben gesagt, dass die Mission der Erde die Liebe ist. Die Liebe ist nur denkbar dadurch, dass selbstbewusste Menschen sie ausüben. Sie müssen sich das Ich erobern, das sich in sie hineingesenkt hat – und sie erobern es sich erst langsam und allmählich. Das Tier kann kein Ich in sich fühlen. Es ist des Menschen großer Vorzug vor dem Tier, dass in jeder einzelnen Menschenindividualität ein Ich ist. Aber das entwickelt sich erst nach und nach, dass der Mensch zu einem Bewusstsein des Ich kommt.

Der Mensch begann damit, dieses Bewusstsein bei einem Gruppen-Ich zu entwickeln. Bei allen Völkern und Rassen finden wir, wenn wir in der Menschheitsentwicklung zurückgehen, kleine Gruppen. Wenn wir den Tacitus über das germanische Volk zum Beispiel lesen, da finden wir auch, dass sich der einzelne Germane, sei er ein Cherusker, ein Sugambrer oder der Angehörige einer sonstigen Volksgruppe, sich nicht als Ich, sondern als Angehöriger seines Stammes fühlt. Er tritt für die Schicksale aller Stammesangehörigen ein. Was dem einzelnen Glied als Beleidigung widerfährt, ruft die Rache des ganzen Stammes hervor. Das ist bei allen alten Völkern so. Der Mensch fühlt sich nicht als Ich, sondern als Glied des Stammes.

Wenn wir auf den Zeitpunkt hindeuten wollen, wo das aufhört, finden wir ihn da, wo die Menschen beginnen, aus dem Stamm hinaus zu heiraten. Dadurch bleibt der Stamm nicht mehr kompakt, nicht mehr geschlossen. Der Mensch hat zuerst zu einer Gruppe Ich gesagt, und erst nach und nach ist er so hinaufgeschritten, dass er das Ich in sich selbst empfindet. Wir können die religiösen Urkunden erst dann verstehen, wenn wir das wissen.

Bei den alten Völkern gab es ein Gruppen-Ich, das sich nicht nur über ein Räumliches, sondern auch über ein Zeitliches ausdehnte. Da erinnerte sich der Sohn an die Taten des Vaters und des Großvaters, als wenn sie seine eigenen wären. Das Gedächtnis reichte über die Geburt hinaus, so weit die Blutsverwandtschaft reichte. Es erhielt sich mit dem gleichen Blut. Schon in der Namengebung drückte sich das aus. So weit sich der Sohn durch Jahrhunderte hindurch zurückerinnerte, nannte man den Stamm zum Beispiel «Noah», «Adam» und so weiter. Nicht den einzelnen Menschen nannte man so, der in seiner Haut eingeschlossen ist, sondern alle Iche, die in diesem Stamm sind. Für den einzelnen Menschen hielt man eine Namengebung nicht der Mühe wert. Die Patriarchen «leben» darum so lange, weil man mit ihrem Namen das benennt, was man im Gedächtnis behielt. Eine räumliche oder zeitliche Begrenzung kam für die alte Anschauung und Namengebung gar nicht in Betracht.

Nach und nach kam dann der Mensch zum Bewusstsein seines einzelnen Ich. Hatte er sich vorher als gemeinschaftliches Ich betrachtet, das mit der Blutsverwandtschaft bis zum Vater Abraham zurückreicht und mit ihm eins ist, so geht jetzt die Entwicklung vorwärts. Die Zeit reift, wo gerade durch das Volk der Juden die Menschen ihr einzelnes Ich empfinden lernen. Den Menschen das zu geben, was sie brauchen, um sich sicher und fest in dem einzelnen Ich zu fühlen, das ist die Mission des Christus. Darum das Wort:

Wer nicht verlässt Vater und Mutter, Bruder und Schwester, der kann nicht mein Jünger sein (vgl. Markus 10,29). Das ist nicht eine Anweisung, seiner Familie davonzulaufen, sondern das soll heißen:

> Ihr sollt fühlen, dass jeder von euch ein einzelnes Ich ist, und dass dasselbe unmittelbar mit dem geistigen Vater eins ist, der durch die Welt flutet: «Ich und der Vater sind eins» (10,30). Geborgen sollt ihr euch fühlen in dem Ganzen, frei von der Blutsverwandtschaft sollt ihr sein. Nicht mehr Vater Abraham soll euch Gewähr bieten, dass ihr geborgen seid, sondern in dem rein geistigen Vaterprinzip sollt ihr euch geborgen fühlen. Mit ihm sollt ihr euer individuelles Ich verbunden fühlen.

Das soll uns mit diesen Worten gesagt werden: Der Jesus Christus ist der große Impulsgeber, den der Mensch für sein einzelnes individuelles Ich braucht, um es zu seinem Urgrund und Ursprung hinzuführen.

Das ist der Umschwung vom alten zum neuen Bund. Wie kann ein Ich, das so reif geworden ist, dass es sich nicht mehr im Zusammenhang mit der Gruppenseele fühlt, wie kann ein solches Ich in der Zeit dastehen, von der wir sagen, dass es begann, sich aus der Gruppenseele herauszuschälen? Dieses Ich muss schreien nach dem, was ihm Nahrung gibt. Es muss sich nach dem sehnen, der das geistige Lebensbrot gibt. Es muss sagen: Ich bin ein Ich, das aus dem alten Zusammenhang herausgeschält ist und sich einsam fühlt.

Als was muss sich der Verkünder des Christus empfinden, der die Nahrung, das Lebensbrot geben soll? Als «ein Rufer in der Einsamkeit», der nach dem schreit, durch den das Einzel-Ich Nahrung erhalten kann. «Ich bin ein Rufer in der Einsamkeit», das heißt: Der Täufer fühlt sich ganz auf sich gestellt, ganz verlassen und einsam. Jeder Mensch muss das durchmachen. Jeder Mensch muss sich als losgelöst empfinden, als auf sich gestellt. Jeder muss in sich selbst den Grund finden, auf dem er als Ich steht.

Jetzt verstehen wir das Wort: Ich bin die Stimme eines Rufers in der Einsamkeit. Damals war die Namengebung nicht etwas so Abstraktes, so Nichtssagendes wie heute. Die Namen hatten etwas zu bedeuten. Sie wurden mit vollem Bedacht gegeben. Wenn von dem Christus gesagt wird: Ich bin das Licht der Welt, so hat diese Namengebung etwas zu bedeuten. Sie drückt den Impuls aus, den er zu geben hat. Daher müssen wir immer da, wo «Ich bin» steht, das ganz besonders betonen. So sind alle Namen zu verstehen. Alle Namen, alle Bezeichnungen sind realistisch und zugleich tief symbolisch gegeben.

Nach zwei Richtungen hin wird oft ein Irrtum begangen. Jemand, der oberflächlich betrachtet, könnte sagen: Ich lasse mich nicht darauf ein, dass alles sinnbildlich gemeint sein soll; damit werden die historischen Ereignisse verflüchtigt! Die so sprechen, verstehen nichts von dem Evangelium. Durch die sinnbildliche Bedeutung werden die historischen Ereignisse nicht geleugnet. Es handelt sich darum, beides zugleich darzulegen – die historischen Tatsachen und die tiefe Symbolik.

Wer nur die brutalen äußeren Tatsachen ohne den geistigen Zusammenhang sieht, der wird nicht zugeben, dass, obwohl das Materielle an diesem oder jenem Ort gebunden ist, es nicht nur Geschichte, sondern zugleich ein Sinnbild sein kann. So werden wir bei allen Ereignissen einen Hinweis darauf sehen, dass das Johannes-Evangelium in den einzelnen geschichtlichen Tatsachen zugleich die Offenbarung tiefer geistiger Wahrheiten sieht.

Halten wir im Auge die geschichtliche Gestalt des Täufers: Er ist zugleich ein Sinnbild für all die Menschen, die berufen sind, sich das einzelne Ich einzuprägen. In alter Zeit konnte das Licht der Welt in die Menschen hineinschauen, aber sie waren noch nicht in der Lage, in ihrer Finsternis das Licht zu begreifen.

Was immer da war – das Licht oder der Logos –, hat immer über die Welt geleuchtet. Doch die Menschen, die erst im Zustand des Reifwerdens waren, haben es nicht erkannt. Was im Logos, im Christus, als Leben und als Licht erschienen ist, das war schon immer da, sonst hätte die Anlage zum Ich gar nicht entstehen können. Auf dem Saturn, auf der Sonne und auf dem alten Mond gab es noch kein Ich. Nur weil das Licht sich so umgewandelt hat, wie es auf die Erde scheint, hat es die Kraft, die einzelnen Iche zu entzünden, die in den Menschen heranreifen:

> «Und das Licht schien in der Finsternis, aber die Finsternis hat es nicht begriffen. ... Denn das wahre Licht, das alle Menschen erleuchtet, sollte in die Welt kommen. Es war in der Welt und die Welt ist durch es geworden, aber die Welt

> hat es nicht erkannt. In die einzelnen Menschen, bis zu den Ich-Menschen kam es, aber die einzelnen Menschen, die Ich-Menschen, nahmen es nicht auf.» (1,5; 9-11).

Diese einzelnen Ich-Menschen hätten nicht entstehen können, wenn das Licht nicht in sie gegossen worden wäre. Aber sie nahmen das Licht noch nicht auf. Nur Einzelne, die Eingeweihten, nahmen es auf. Sie hatten eine Erkenntnis von dem Logos, der Leben und Licht ist, und sie erhoben sich zu den geistigen Welten. Sie alle trugen einen Namen, sie hießen «Kinder Gottes». Warum? Weil sie die geistigen Welten gesehen hatten und Zeugnis davon ablegen konnten. Einzelne wussten durch die Mysterien von den geistigen Welten. Solche «Kinder Gottes» fühlten in ihrem Bewusstsein, was im Menschen göttlich-ewig ist. Sie fühlten: Ich und der göttliche Vater sind eins.

Ihr eigentliches Ich haben sie nicht von Vater und Mutter geerbt, sie haben es durch die Initiation erlangt. Nicht aus dem Fleisch, nicht aus dem Menschlichen sind sie geboren. Sie haben das Einswerden mit dem ewigen Vatergrund erlangt. Dies ist die Bedeutung der Worte: Die Menschen nahmen das Ich nicht auf, trotzdem sie die Anlage zum Ich hatten. Nur eine Anzahl nahm es auf, und die es aufnahmen, nahmen den Namen «Ich bin» an. Sie wurden dadurch Gottes Kinder, dass sie seinem Namen vertrauten. Das heißt, sie sind durch die Einweihung in ihrem innersten Wesen aus Gott geworden.

Damit aber alle Menschen mit den Sinnen, die irdische Sinne sind, den daseienden Gott erkennen konnten, musste er mit irdischen Sinnen gesehen werden. Er musste im Fleisch, in menschlich sichtbarer Gestalt erscheinen. Vorher konnten ihn in den Mysterien nur diejenigen schauen, denen geistige Augen entstanden waren. Jetzt sollte er mit irdischen Augen gesehen werden. So knüpft das Erscheinen des Christus Jesus an die ganze Entwicklung der Menschheit an.

«Das ist die Lehre vom eingeborenen Sohn des Vaters» (1,14). «Eingeboren» – was heißt das? Was sind die anderen Menschen für Geborene? In der Mysteriensprache nennt man sie «Zweigeborene». Sie sind durch Vermischung von Fleisch und Blut aus Vater und Mutter geboren. Das, was nicht aus dem Fleisch, nicht durch Blutmischung geboren ist, das ist von Gott geboren. Das ist nicht in eine Zweiheit geteilt, sondern es ist *ein*geboren. Das ist der Gegensatz zwischen zweigeboren und eingeboren. Der äußere physische Mensch ist der Zweigeborene, der geistige Mensch ist der Eingeborene. Der Mensch hat außer der physischen Geburt, die ihn zum physischen Wesen, zum zweigeborenen Wesen macht, noch eine zweite Geburt vor sich, durch die er ein Kind, ein Sohn der einen Gottheit – ein Eingeborener – werden kann. Diese Lehre kann aber erst von dem gelehrt werden, der das fleischgewordene Wort darstellt.

Wir finden dann die Worte: «Erfüllt von Hingabe und Wahrheit» (1,14). Der Christus Jesus ist aus der Gottheit geboren, aber er ist zugleich mit ihr verbunden geblieben. Das ist die «Hingabe». Wenn der Mensch die Illusion hinwegnimmt, die aus dem Zweigeborensein kommt, dann umschließt auch er in der Hingabe die Gottheit und ist eingeboren mit ihr.

In dem Christus Jesus wohnte unter den Menschen der verkörperte Logos. Johannes der Täufer aber nennt sich seinen Vorläufer, das heißt den, der ihm als Verkündiger vorangeht. Um den neuen Impuls zu empfangen, musste er wissen, dass das Ich ein Einzel-Ich werden muss. Er legt Zeugnis ab von dem, der da kommen wird, und der zugleich in sich selbst das Wesen des «Ich bin» darstellt, das ewig ist. Darum kann er sagen: Das Ich, von dem in meiner Lehre die Rede ist, das ist vor mir gewesen; obwohl ich sein Vorgänger bin, ist er zugleich mein Vorgänger!

Dann wird im Johannes-Evangelium ein bedeutsames, merkwürdiges Wort gesagt: «Denn aus dessen Fülle haben wir Gnade über Gnade genommen.» (1,16). Wie viele Menschen gibt es, die sich Christen nennen und die achtlos über dieses Wort «Fülle» hinweglesen, die es gar nicht verstehen. Fülle – griech. πλήρωμα, pleroma –, was heißt das? Ein jedes Wort müssen wir auf die Goldwaage legen. Nur der kann es verstehen, der da weiß, dass in den christlichen Mysterien mit der Pleroma-Lehre von etwas ganz Bestimmtem gesprochen wurde.

An der Spitze des heutigen Vortrags, wo von der Offenbarung der Elohim die Rede war, hat es geheißen, dass sich die Elohim getrennt haben. Sechs Elohim wohnen in der Sonne, der siebte – Jahve – trennt sich ab. Er strahlt vom Mond das reflektierte Sonnenlicht, bis die Menschheit genügend reif ist, um das direkte Licht der Sonne zu ertragen. So unterscheiden wir Jahve, den Einzelgott, von den sechs

Elohim, welche die Fülle – das Pleroma – der Gottheit sind. Das ist die Fülle der Gottheit. Da aber mit dem Sonnen-Logos der Christus gemeint ist, müssen wir auf diesen als auf den hindeuten, der die Fülle in sich hat.

Wenn wir uns in die alte Gruppenseelenzeit zurückversetzen, wo die Menschen sich noch nicht als Einzel-Ich fühlten, da konnten sie die Liebe noch nicht innerlich entwickeln. Blutsliebe ist aber die Grundlage aller Liebe. Die geistige Liebe kann nur dadurch kommen, dass der Mensch sein Ich von der Blutsliebe befreit und die vergeistigte Liebe als freie Gabe des befreiten Ich darbringt.

Wenn das Ich frei sein soll, wie muss es werden? Es muss den Impuls haben, aus sich selbst heraus das Rechte und das Gute zu tun. Wenn die Liebe so vergeistigt ist, dass der Mensch nicht anders als nur in dieser Weise lieben kann, dann ist der Impuls erfüllt, den der Christus der Welt bringen soll:

> Schaut hin auf den Christus, ihr Menschenkinder, und versucht, ihm nachzufolgen. Erfüllt euch mit seinem Geist. Sucht ihr so zu werden, wie er ist, dann wird euer befreites Ich so sein, dass es keine Gesetze mehr braucht. Tut das Gute nicht aus dem Gesetz heraus, sondern aus dem innersten Impuls eures freien Wesens. Dann wird der Christus auch der Befreier von dem Gesetz.

Mit dem Christus ist der Anfang gemacht. Er ist der große Impulsgeber für die Zeit, wo die geistige Liebe eine Kraft geben wird, die den Menschen so erzieht, dass er aus Liebe zum Guten das Gute tut. Solange die Menschen nur durch äußerlich geoffenbarte Gesetze in ihrer Harmonie geregelt werden können, müssen die Gesetze bestehen bleiben.

Die Menschen sind heute noch nicht über das Gruppenhafte hinaus. Erst wenn sie sich davon befreit haben werden, wenn das Ich darüber hinausgewachsen sein wird, wird der Mensch ein freies Wesen sein. Er ist dann auch ein «Heimatloser», er ist über alle Zusammenhänge hinausgewachsen, die früher bestanden. Es gibt für ihn keine Bluts-, Volk- oder Rassenzusammengehörigkeit mehr. Jeder Mensch ist ihm gleich nahestehend. Zu jedem Menschen zieht ihn die gleiche Liebe.

Das bleibt heute noch ein Ideal. Im christlichen Prinzip liegt aber der Hinweis auf die Erreichung dieses Ideals. Ist es erreicht, dann ist das Gesetz überwunden. «Das Gesetz ist durch Moses gegeben» (1,17), aber die «Gnade», das heißt die Fähigkeit, aus freiem Willen das Gute zu tun, ist durch den Christus entstanden.

Früher hat es nur derjenige zur geistigen Wahrnehmung gebracht, der eingeweiht war. Mit äußeren Augen, in der äußeren Welt, hat niemand Gott gesehen. Der «eingeborene» Sohn, der im Inneren des Vaters ruht, ist der Erste, der uns dahin geführt hat, ein Gotteswesen sehen zu können. Vorher war der Gott übersinnlich geblieben, man konnte ihn nur in der Einweihung erleben. Jetzt ist er eine historische, physisch-sinnliche Tatsache geworden: «Niemand hat Gott je gesehen; der Eingeborene, der Gott ist und in des Vaters Schoß ist, der hat ihn uns verkündigt.» (1,18). Der eingeborene Sohn, der im Inneren des göttlichen Vaters ist, ist uns der Führer darin geworden, dass wir den Weg zum Vater finden können.

Scharf und bedeutsam wird im Johannes-Evangelium auf dieses historische Ereignis in Palästina hingewiesen – in paradigmatischen, fest umrissenen Worten, die wir auf die Goldwaage legen müssen. Nicht der Führer der Gruppenmenschen ist der Christus. Er kommt zu jedem einzelnen Menschen und er will das individuelle Ich mit seinem Impuls ausstatten. Die Blutsverwandtschaft bleibt bestehen, aber eine neue Zeit, die Zeit der geistigen Liebe, kommt dazu – einer Liebe, die vom freien Ich zum freien Ich geht.

Für den, der in der Einweihung begriffen ist, enthüllt sich während der Einweihung Tag für Tag eine Wahrheit nach der anderen. Eine wichtige Wahrheit enthüllt sich «am dritten Tag» (2,1). Der Einzuweihende lernt verstehen, dass in der Entwicklung der Erde ein Punkt ist, wo die an das Materielle geknüpfte Liebe sich vergeistigt. Er sieht in eine Zukunft hinein, wo die Liebe ganz geistig geworden sein wird. Diese Tatsache wird durch ein Ereignis vor die Seele hingestellt, das den Übergang von der Blutsliebe zur rein geistigen Liebe veranschaulichen soll.

Der Christus Jesus spricht da ein wichtiges, bedeutsames Wort, indem er sagt: Es wird eine Zeit kommen, die «*meine* Zeit» (2,4) ist. Die wird nicht mehr mit der Blutsverwandtschaft zusammenhängen. Jeder einzelne Mensch wird für sich dastehen. Die Zeit muss aber erst kommen, wo sich dieses Ideal erfüllen wird. Der Christus gibt den ersten Impuls dazu.

Als die Mutter ihn auffordert, etwas für die Menschen zu tun und darauf anspielt, das Recht zu haben, ihn zu einer solchen Tat zu veranlassen, da erwidert er ihr: Das, was wir jetzt tun können, das hat noch etwas mit dem Verhältnis zwischen mir und dir zu tun, das heißt mit den Blutsbanden; meine Zeit ist noch nicht gekommen. Daher stehen da die Worte «zwischen mir und dir». Das ist etwas tief Bedeutsames, denn die Zeit des Ich («meine Zeit») ist noch nicht gekommen. Das deutet auf das Geheimnis des «Ich bin» hin. Die Aufforderung der Mutter beantwortet Jesus mit den Worten: Das ist zwischen mir und dir. Das deutet auf die Blutsverwandtschaft hin, die überwunden werden soll.

Brutal ist es zu denken, dass Jesus zu seiner Mutter ein Wort sagen könnte wie: «Weib, was habe ich mit dir zu schaffen.» Ob die Christen keine Empfindung für die Heiligkeit ihres Christus haben, dass sie glauben, er könnte diese Worte in einer solchen groben Fassung aussprechen. Man fragt sich: Haben sie denn das Evangelium? Es handelt sich darum, dass man das Evangelium hat. So fein und subtil ist der Text, aber bloß für diejenigen verständlich, die gegenüber einer solchen Urkunde wie dem Johannes-Evangelium jedes Wort auf die Goldwaage legen, um es in seinem ganzen Wert erkennen zu können.

23. Mai 1908

V

Wir dürfen tatsächlich bei der Betrachtung des Joh. Evan nirgends außer Acht lassen, daß wir es in dem ursprünglichen Verfasser desselben zu tun haben mit dem vom Christus Jesus selber eingeweihten Lieblingsschüler. Nun könnte jemand na türlich fragen: ja ist denn, ganz abgesehen von dem okkult Wissen auch vielleicht ein äußeres Zeugnis dafür vorhan den, durch welches der Verfasser des Joh. Evang. verraten läßt, daß er zu der höheren Art des Wissens über den Christ durch die Auferweckung – d. h. durch die Einweihung, die im sog. Lazaruswunder dargestellt wird, gekommen sei. Wenn wir das Joh. Evang. sorgfältig lesen, dann werden wir bemerken, daß nirgends vor ~~dem~~ jenen Kapiteln, die die Auferweckung des Lazarus behandeln, von dem Jünger, „den Herr lieb hatte" die Rede ist. Das heißt, der eigentlic Verfasser des Joh. Evang. will sagen, dasjenige was vorher gesagt ist, stammt noch nicht von dem Wissen, das durch die Einweihung kommt, her. – erst nachher kann der Jünger, den d Herr lieb hatte" das verkünden, was er durch die Einweihung erfahren hat. So zerfällt das Joh.-Evang. in 2 Te Nirgends finden wir einen Widerspruch, selbst in den äußer Dingen, in dem, was in den letzten Vorträgen ausgeführt worden ist. Natürlich liest mancher leicht über solche Din hinweg u. beachtet sie nicht. Grade heutzutage, wo durch

Fünfter Vortrag

Die Hochzeit zu Kana

Die Mission des Alkohols und das Ich

Hamburg, 23. Mai 1908

Meine lieben theosophischen Freunde!

Wir dürfen bei der Betrachtung des Johannes-Evangeliums niemals außer Acht lassen, dass wir es in dem Verfasser mit dem vom Christus Jesus selbst eingeweihten Lieblingsschüler zu tun haben. Jemand könnte fragen: Abgesehen von dem esoterischen Wissen, ist auch ein äußeres Zeugnis dafür vorhanden, durch welches der Verfasser des Johannes-Evangeliums erraten lässt, dass er zu der höheren Art des Wissens über den Christus durch die Auferweckung, das heißt durch die Einweihung, gekommen ist, die im sogenannten Lazarus-Wunder dargestellt wird?

Wenn wir das Johannes-Evangelium sorgfältig lesen, dann werden wir bemerken, dass nirgends vor jenem Kapitel, das die Auferweckung des Lazarus behandelt, von dem Jünger die Rede ist, «den der Herr lieb hatte». Der Verfasser des Johannes-Evangeliums will damit sagen: Was vorher gesagt ist, das stammt nicht von dem Wissen her, das durch die Einweihung kommt. Erst nach der Einweihung kann der Jünger, den der Herr lieb hatte, das verkünden, was er durch sie erfahren hat. So zerfällt das Johannes-Evangelium in zwei Teile.

Nirgends finden wir, selbst in den äußeren Dingen nicht, einen Widerspruch zu dem, was wir in den letzten Tagen ausgeführt haben. Natürlich liest mancher leicht über solche Dinge hinweg und beachtet sie nicht. Gerade heutzutage, wo durch tausenderlei Kanäle alles mögliche Wissen eindringt, wo alles popularisiert wird, müssen wir das merkwürdige Schauspiel erleben, dass viel Zweifelhaftes unter dieser «Weisheit» ist.

In billigen Literaturwerken wie den Reklamausgaben, in denen allerlei Wissen unter das Volk getragen wird, befindet sich auch ein Band über die Natur und die Entstehung der Evangelien.* Ein Doktor der Theologie behauptet, dass überall, vom 1. Kapitel, Vers 35 angefangen, auf Johannes als den Autor hingewiesen wird. Als ich dieses Büchlein in die Hand nahm, traute ich meinen Augen nicht. Ich sagte mir: Das ist doch sonderbar; aller Okkultismus hat behauptet, dass der Verfasser des Johannes-Evangeliums nicht vor der Auferweckung erwähnt wird; ein Theologe sollte das doch wissen!

Kapitel 1, Vers 35 heißt es: «Am nächsten Tag stand Johannes abermals da und zwei seiner Jünger». Der Name Johannes wird da erwähnt, nämlich des Täufers. Der Theologe hat da etwas direkt Schädliches in diese Literatur hineingebracht. Wenn wir wissen, wie so etwas weiterfrisst, können wir den unermesslichen Schaden abschätzen, der aus solchen Sachen entspringt. Das soll nur eine Zwischenbemerkung sein, durch die wir einen kleinen Schutzwall gegen manches aufwerfen, was leichter Hand gegen das vorgebracht wird, was hier gesagt wird.

Wir wollen jetzt ins Auge fassen, dass das, was der Auferweckung vorangeht, zwar die Mitteilung großer und gewaltiger Dinge ist, dass aber die allertiefsten Dinge für die nachfolgenden Kapitel aufbewahrt sind. Wir wollen darauf hinweisen, dass der Inhalt des Johannes-Evangeliums etwas ist, worüber diejenigen Bescheid wissen, die bis zu einem gewissen Grad eingeweiht sind. Verschiedene Stellen deuten an, dass man es mit denen, die da urteilen, als mit solchen Eingeweihten zu tun hat.

Es gibt Eingeweihte verschiedener Grade. Wir unterscheiden verschiedene Formen morgenländischer Einweihung, darunter die persische Einweihung. Sie hat sieben Grade gehabt, und man bezeichnete diese sieben Grade mit symbolischen Namen:

- Der 1. Grad ist der des *Raben,*
- der 2. Grad der des *Okkulten,*
- der 3. Grad der des *Streiters,*
- der 4. Grad der des *Löwen.*
- Der 5. Grad wird bei den verschiedenen Völkern, die noch eine Art von Blutszusammengehörigkeit als Ausdruck der Gruppenseele fühlen, mit dem *Namen des betreffenden Volkes* belegt. Bei den Persern wird der im 5. Grad Eingeweihte ein «Perser» genannt, bei den Israeliten, ein «Israelit».
- Der 6. Grad ist der des *Sonnenhelden* und
- der 7. Grad ist der des *Vaters.*

Der «Rabe» vermittelt zwischen dem äußeren und dem okkulten Leben, wie ein Bote geht er hin und her. Er hat sich mit voller Hingabe dem äußeren Leben zu widmen und hat dann in die heilige Mysterienstätte mit dem einzutreten, was ihm das äußere Leben an Erfahrungen und Beobachtungen gegeben hat. Die Mythen und Sagen haben diese symbolische Bedeutung des Raben überall bewahrt. Überall sind sie Boten, die von außen zu vermitteln haben. Erinnern wir uns an die Raben des Elias, des Wotan, an die Raben der Barbarossa-Sage, die davon Kenntnis bringen sollen, ob die Zeit gekommen ist, aus dem Berg herauszukommen.

Wer im 2. Grad eingeweiht war, der «Okkulte», stand voll im okkulten Leben. Im 3. Grad durfte er für die okkulten Lehren eintreten – das bezeichnet man symbolisch, indem man sagt, er ist ein «Streiter». Das bedeutet nicht, dass er streitet, sondern dass er für das eintritt, was das okkulte Leben geben kann. Wer ein «Löwe» ist, der umfasst das okkulte Leben so, dass er nicht bloß ein Streiter ist, sondern mit der Tat dafür einsteht. Das heißt, dass ihm eine Art magischer Kraft und Wirksamkeit überliefert wird.

Dann kommt der 5. Grad: Was bedeutet er? Der einzelne Mensch stand, insbesondere innerhalb einer Stammesgemeinschaft, nicht als einzelnes Ich da. Er empfand sich nicht als Ich, sondern als Glied der Gruppenseele. Er empfand sich, wenn er auf die Gruppenseele hinschaute, als in ihr ruhend. Er war in ihr aufgegangen und war ihr Verkündiger geworden. Er hatte eine Art Opfer gebracht, indem er sein Ich abgestreift hatte. Man spricht so von ihm, dass er die Schlacken, die der Persönlichkeit anhaften, abgestreift und die Volksseele in sich aufgenommen hat. Alles

Persönliche kommt für ihn nicht mehr in Betracht, sondern der gemeinsame Geist der Zusammengehörigkeit lebt in ihm, die Gruppenseele spricht aus ihm. Das ist der Grund, weshalb man ihn mit dem Namen des betreffenden Volkes bezeichnet hat.

Wir finden im Johannes-Evangelium, dass unter denen, die etwas über den Christus zu sagen wissen, der Nathanael ist. Er wird dem Christus vorgeführt. Er ist nicht so hoch, dass er den Christus durchschauen kann. Dieser ist ein Geist solch umfassender Art, dass Nathanael ihn nicht durchschaut, aber der Christus durchschaut ihn. Und wie bezeichnet er ihn? Als einen «echten *Israeliten*» (1,47). Damit bezeichnet er ihn als jemanden, der den Geist des ganzen Israels in sich hat – das heißt, der im 5. Grad eingeweiht ist.

Dann macht er ihn darauf aufmerksam, dass er ihn unter dem Feigenbaum sitzen gesehen hat. Das ist eine Bezeichnung für die Einweihung eines gewissen Grades, so wie das Sitzen des Buddha unter dem Bodhibaum. Das Sitzen unter dem Feigenbaum bedeutet einen gewissen Grad der ägyptisch-chaldäischen Einweihung.

Der Christus sagt also mit diesen Worten: Ich weiß, dass du ein Eingeweihter bist, denn ich sah dich unter dem Feigenbaum sitzen. An dieser Redewendung erkennt Nathanael, mit wem er zu tun hat. Und er antwortet ihm: «Rabbi, du bist Gottes Sohn, du bist der König von Israel.» (1,49). Das heißt: Du bist ein höherer Eingeweihter als ich. Du bist nicht bloß ein «Israelit», denn sonst könntest du mich nicht durchschauen. Das ist die Sprache der

Eingeweihten, so verständigen sie sich. Der Christus sagt dann zu ihm:

> «Du glaubst, weil ich dir gesagt habe, dass ich dich gesehen habe unter dem Feigenbaum. Du wirst noch Größeres als das sehen. Und er spricht zu ihm: Wahrlich, wahrlich, ich sage euch: Ihr werdet den Himmel offen sehen und die Engel Gottes hinauf- und herabfahren über dem Menschensohn.» (1, 50-51).

Was heißt das? Das ist wiederum ein wichtiges Wort. Um es zu erklären, erinnern wir uns daran, wie der menschliche Bewusstseinszustand ist. Am Tag besteht eine feste Verbindung

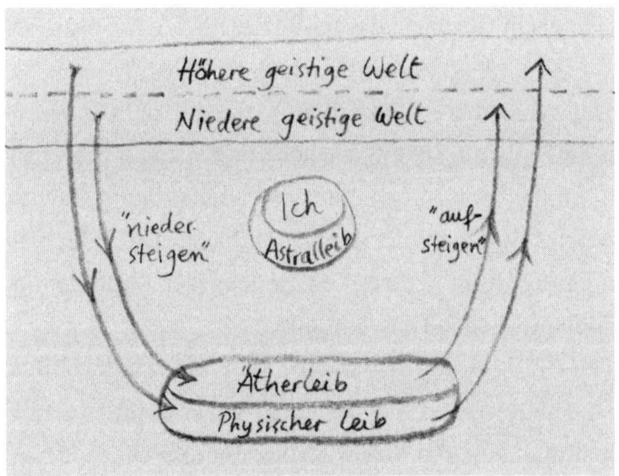

der vier Glieder miteinander, die aufeinander wirken. Wenn der Mensch wacht, sind sein physischer und Ätherleib von Astralleib und Ich durchdrungen und versorgt. In der Nacht aber, wenn der Mensch das Ich und den Astralleib herauszieht (s. Zeichnung S. 98: «Ich» u. «Astralleib») und den physischen und den Ätherleib treulos ihrem Schicksal überlässt, da weist die Geisteswissenschaft darauf hin, dass göttlich-geistige Mächte diese beiden durchströmen und versorgen, sodass der Mensch mit seinem physischen und Ätherleib in göttlich-geistige Kräfte eingeschaltet ist.

Wir haben darauf hingewiesen, dass in jenen alten Zeiten, wenn der Mensch in der Einweihung außerhalb seines physischen Leibes war, dass da Jahve inspirierend wirkte. Das «wahre Licht» aber, die «Fülle» der Gottheit, das Pleroma, durchstrahlt immer den physischen und den Ätherleib. Nur kann es der Mensch in seinem jetzigen Entwicklungszyklus nicht wahrnehmen. Nur der in Bezug auf seinen Astralleib und sein Ich bewusste Mensch kann es wahrnehmen. Die geistigen Mächte, die auf den physischen Leib wirken, sind in der höheren geistigen Welt zu Hause; die Mächte, die auf den Ätherleib wirken, sind in der niederen geistigen Welt zu Hause (s. Zeichnung S. 98, oben). Aber der Mensch hat erst die Möglichkeit, sie zu erkennen, wenn er den Christus-Impuls in sich aufnimmt. Er lernt dann die Engel kennen, das heißt die Kräfte, die auf- und niedersteigen. Das ist der Sinn der Worte, die der Christus zu Nathanael sagt.

Wir kommen jetzt zur Hochzeit zu Kana in Galiläa. Es ist das, was man das erste der Wunder oder der «Zeichen» nennt, die der Christus tut.

Warum wird von einer Hochzeit geredet, und warum in Galiläa? Wir werden es verstehen, wenn wir uns den vollen

Sinn der Christus-Mission vor die Seele stellen. Sie besteht darin, den Menschen die volle Kraft der Selbstständigkeit zu bringen, sodass jeder Mensch völlig in seinem eigenen Ich steht. Aus der Gruppenseele soll sich der Mensch herauslösen. Das einzelne Ich soll lernen, sich in vollständiger Selbstständigkeit zu fühlen. Dann erst kann die Liebe als freie Gabe von Seele zu Seele gehen und durch sie Mensch zu Mensch zusammengeführt werden.

Durch das Christus-Prinzip soll eine Liebe auf die Erde kommen, die über die Materie erhaben ist, die mehr und mehr zur Geistigkeit emporsteigt. Diese Liebesentwicklung ist von der niedersten Form der Liebe ausgegangen, die an die Sinnlichkeit gebunden ist. Diejenigen liebten sich, die durch Blutsverwandtschaft miteinander verknüpft waren, und diejenigen nicht, die nicht durch Verwandtschaft verbunden waren. Man hielt ungeheuer viel darauf, dass die Liebe diese materielle Basis des Blutes hat. Der Christus soll aber die Menschen diesen Banden entreißen. Er soll Menschenseele zu Menschenseele in geistiger Liebe zusammenbringen.

Innerhalb der Bekenner des Alten Testamentes haben wir im vollsten Sinne die Zusammengehörigkeit zur Gruppenseele ausgedrückt. Das Einzel-Ich ruht im Gesamt-Ich. Der Mensch fühlt sich im Urvater Abraham geborgen. Er empfindet in sich das Blut des Vater Abrahams, das bis zu ihm herunterrinnt. Nur diejenigen betrachten sich als zusammengehörig, die durch eine solche Art der Fortpflanzung geboren sind, durch die das Gruppenseelenprinzip aufrecht erhalten wird. Es wird nur geheiratet innerhalb des

Stammes. An der «Nah-Ehe» wird am Anfang der Menschheitsentwicklung überall festgehalten. Später heiraten die Menschen über den Stamm hinaus, doch noch lange nicht über das Volk hinaus. Besonders das alte Israel besteht darauf, dass an dieser Volksgemeinschaft festgehalten wird. Das ist das jüdische Prinzip. Das Volk hält als solches an der Gruppenseele fest.

An dieses Prinzip wendet sich der Christus nicht, sondern an diejenigen, die es durchbrechen. Er sagt das Wichtigste, was er zu sagen hat, nicht innerhalb Judäas, sondern in Galiläa. Das ist das Gebiet der Mischlinge – «ha gojim».* Dort, wo alle möglichen Stämme vermischt wohnen, da geht der Christus hin.

Aus der Art und Weise, wie die Fortpflanzung der Menschen sich bis dahin innerhalb der Blutsverwandtschaft vollzog, soll das hervorgehen, was nicht mehr an die Blutsliebe gebunden ist. Daher wird das auf einer Hochzeit gezeigt, weil durch die Hochzeit die Fortpflanzung der Menschen eingeleitet wird. Es wird gezeigt auf einer Hochzeit in Galiläa: da, wo man unabhängig von der Blutsverwandtschaft heiratet. Da soll zuerst das Prinzip der vergeistigten Liebe eintreten. Was wird also da gezeigt?

Wir müssen wieder einen Blick auf die Evolution der Menschheit werfen. Wir haben oft betont, dass für den, der fest auf dem Boden des Okkultismus steht, alles Materielle eine Offenbarung, ein Ausdruck eines Geistig-Seelischen ist. Wie der Leib der Ausdruck für die Seele ist, so ist das Licht der Sonne der Ausdruck für den Geist der Sonne. Alles, was im Materiellen geschieht, ist zugleich der Ausdruck geistiger Vorgänge. Wir leugnen nicht die Materie, aber wir sehen sie als Ausdruck eines Geistigen. Den materiellen Tatsachen entsprechen immer parallel gehende wichtige geistige Entwicklungsvorgänge der Menschheit.

Wenn wir auf die alte Atlantis zurückblicken und den Blick in spätere Zeiten bis zu uns herauf schweifen lassen, können wir den Sinn dieser Entwicklung so ins Auge fassen, dass aus dem noch völlig in die Gruppenseele getauchten Atlantier sich langsam und allmählich in der nachatlantischen Zeit das einzelne Ich der menschlichen Persönlichkeit entwickeln soll. Was der Christus-Geist durch seinen Impuls brachte, das musste langsam vorbereitet werden durch das, was Jahve getan hat. Jahve hat in den Astralleib des noch gruppenhaften Menschen das Ich hineingelegt. Er hat ihn in langsamer Reifung dazu vorbereitet, das Ich in den physischen Leib aufzunehmen.

Das aber kann nicht geschehen, ohne dass auch der physische Leib dazu vorbereitet wird, das Ich zu beherbergen, wenn es kommt. Wenn der physische Leib kein geeignetes Instrument ist, ist es dem Menschen nicht möglich, das «Ich bin» zu denken. Es im Wachbewusstsein fassen zu können, ist nicht möglich, solange der Mensch gruppenseelenhaft ist. Da ist der physische Leib kein geeignetes Werkzeug für dieses «Ich bin». In der Zeit, in der das «Ich bin» im Astralleib heranreift, muss auch der physische Leib dazu vorbereitet werden, ein Werkzeug, ein Träger des selbstbewussten Ich zu werden.

Das geschah auch während der menschlichen Entwicklung. Wir können verfolgen, wie der physische Leib sich entwickelt, um ein Träger des selbstbewussten Ich zu werden. Angedeutet finden wir es in der Bibel, da, wo uns Noah, der erste Weintrinker, vorgestellt wird. Er erlebt an sich die Wirkung des Alkohols. Das ist ein Kapitel, das manchen schockieren kann; wir betrachten es aber vom esoterischen Standpunkt aus. Was in der nachatlantischen Zeit als besonderer Dienst zu den alten Kulten hinzutritt, das ist der Dionysos-Kult. Dieser steht in Zusammenhang mit dem Wein, diesem merkwürdigen Stoff, der erst in der nachatlantischen Zeit der Menschheit zugeführt wird.

Wir wissen, dass alle Stoffe eine Wirkung auf den physischen Organismus ausüben. Auch dieser Stoff wirkt, so sonderbar es erscheinen mag, stark auf den menschlichen Leib. Der Wein hat eine besondere Mission zu erfüllen. Er muss den menschlichen Leib so präparieren, dass der Mensch von dem Zusammenhang mit der Gottheit abgeschnitten wird, sodass das persönliche Ich herauskommen kann. Das ist tatsächlich so: Der Alkohol schneidet ab von dem Zusammenhang mit den geistigen Welten, in denen der Mensch früher war. Er hat heute noch diese Wirkung. Die Menschheit wird aber bald sagen können: Er hat sie gehabt. Aber er ist nicht umsonst gewesen, denn er hat die Mission gehabt, die Menschheit so tief in die Materie hinabzuführen, dass es dem Menschen nicht mehr möglich ist, sich im gemeinsamen Schoß des Gruppen-Ich zu fühlen, sondern dass jeder das Ich für sich selbst beansprucht.

Den entgegengesetzten Dienst hat der Alkohol der Menschheit geleistet als den Dienst, den der Christus geleistet hat. Er hat den Menschen so egoistisch gemacht, dass er das Ich aufgenommen hat. Hätte er es nicht getan, dann könnte der Mensch auch nicht als Ich die freie Gabe der Liebe darbringen. Das ist die geistige Kehrseite des alkoholischen Einflusses. Der Dionysos-Dienst ist ein Sinnbild für die Funktion des Alkohols in der Menschheit. Und jetzt, wo diese den Weg zur Gottheit zurückfindet, wo das Ich so weit entwickelt ist, dass es wieder den Anschluss an die göttlich-geistigen Mächte findet, da ist die Zeit gekommen, wo eine Reaktion gegen den Alkohol eintritt.

Das ist der Grund, warum die Menschen beginnen, unbewusst zu fühlen, dass sie den Alkohol lassen müssen. Die Mission des Alkohols dauert nicht ewig. Sie hat eine bestimmte Zeit, die jetzt erfüllt ist. Für verschiedene Zeiten, wenn wir sie in der richtigen Weise verstehen, schickt sich Verschiedenes. Gerade in unserer Epoche, wo die Wirkung dieses Herabstiegs in die Materie am stärksten ist, wo der Alkohol beginnt, degenerierend zu wirken, taucht der Christus-Impuls gegen ihn auf. In eine solche Zeit muss auch die stärkste Kraft hineinfallen, die Kraft des Christus, die der Menschheit den Impuls gibt, wieder emporzusteigen.

So muss der Christus in dem ersten Zeichen, das er gibt, seine Mission andeuten. Um anzudeuten, dass das Ich selbstständig werden soll, muss er auf eine solche Hochzeit in Galiläa gehen, wo die verschiedensten Völker zusammengeströmt sind, wo die Körper unter dem Einfluss des Alkohols stehen, denn es wird Wein getrunken. Und der Christus zeigt, wie er es hält mit seiner Mission in den verschiedenen Erdepochen.

Man kann heute sogar von den Kanzeln herunter hören, dass dieses Zeichen so ausgelegt wird, dass das schale Wasser des Gesetzes des Alten Testamentes durch den kraftvollen Wein des Neuen Testamentes ersetzt werden soll. So einfach sind die Dinge aber nicht. Es muss festgehalten werden, dass der Christus sagt: Meine Mission ist eine solche, die auf eine ferne Zukunft hinweist. Da soll der Mensch als selbstständiger Mensch wieder in einen Zusammenhang mit der Gottheit kommen. Die Liebe, die ihn zur Gottheit führen soll, die noch früher da war, als der Mensch im Zwang des Gruppenseelenhaften stand, soll der Mensch als freie selbstbewusste Gabe der Gottheit darbringen.

Fassen wir die Stimmung der Menschheit ins Auge, die man damals gegenüber einer solchen Sache hatte. Der Mensch war mit der Gruppenseele verbunden, er empfand sich im Zusammenhang mit ihr. Er hat sich dann von ihr losgelöst, indem er sich weiterentwickelt hat. Man betrachtete das als Degeneration, als eine Art Abfall von der Gottheit. Man sagte: Woher ist dieser Zustand gekommen, in dem der Mensch jetzt ist? Woher ist das grobe Materielle gekommen, in dem er lebt? Je mehr wir zurückgehen, finden wir, dass die festen Stoffe ins Flüssige übergehen. Wir wissen, dass damals, als die Erde noch ein flüssiger Planet war, der Mensch schon vorhanden war. Damals aber war er am wenigsten von Gott losgelöst. Je mehr sich die Erde verfestigt, desto mehr vermaterialisiert sich auch der Mensch. Er kann auf der Erde herumgehen, die fest geworden ist.

Gehen wir ganz weit zurück, so müssen wir sagen: Auf der Erde, die noch Wasser war, da war der Mensch noch verbunden mit der Wurzel des Göttlichen. Da ist er noch ganz göttlich rein. Je mehr er sich in die Materie herabsenkt, desto mehr verunreinigt er sich. Diejenigen, die sich des Zusammenhangs mit der Gottheit wieder bewusst werden sollten, die empfingen die Wassertaufe als Erinnerung an ihre Herkunft aus dem Wasser, wo sie göttlich rein waren – und daran, dass sie durch den Herabstieg in die Materie unrein geworden sind. Die Wassertaufe, als Erinnerung an den göttlich reinen Zustand, nahm die Verunreinigung von ihnen fort. So war alle Taufe gemeint: als ein Sinnbild der Reinigung. Und so taufte auch der Täufer. Er zeigte den Menschen im Sinnbild der Reinigungstaufe mit dem Wasser den alten Zusammenhang mit der Gottheit.

Der Christus Jesus aber sollte mit etwas anderem als mit Wasser taufen. Er sollte die Menschen in einen neuen Zusammenhang mit der Gottheit bringen. Durch das Ich, durch den Geist, der der heilige, ungetrübte Geist ist, soll der Mensch in einen neuen Zusammenhang mit der Gottheit kommen. Die Taufe mit seinem Geist ist eine prophetische Taufe. Sie soll auf die Entwicklung der Geistigkeit der Zukunft hinweisen.

Die Wassertaufe war eine Erinnerungstaufe an die verlorengegangene Verbindung mit Gott. Die Mission des Weines innerhalb der Menschheit bestand darin, den Menschen von der alten Verbindung mit Gott abzuschneiden. Dionysos ist die «zerstückelte» Gottheit, die in die einzelnen Menschen einzieht, sodass die einzelnen Stücke nicht mehr voneinander wissen. Die Gottheit ist zerstückelt worden durch das, was der Wein, der Alkohol, gebracht hat.

Der Christus weiß das große pädagogische Evolutionsprinzip einzuhalten. Es gibt keine absolute Wahrheit. Was in tausend Jahren den Menschen wird gesagt werden können, das kann die jetzige Zeit nicht vertragen. Jede Zeit hat ihre besonderen Verrichtungen und ihre besonderen Wahrheiten.

Warum dürfen wir heute so zusammensitzen, Theosophie pflegen und über Reinkarnation und Karma reden? Weil die Seelen, die in uns sind, schon soundso oft inkarniert waren. An unsere Seelen ist in den alten germanischen Ländern von den Druidenpriestern die Wahrheit in Form von Sagen und Mythen herangebracht worden, die sie damals vertragen konnten. Und weil sie sie aufgenommen haben, können sie heute dieselbe Wahrheit auf höherer Stufe vertragen. Damals erhielten sie sie im Bild und heute in der Theosophie. Es wäre eine Sünde für die alten Druidenpriester gewesen, die Wahrheiten in der heutigen theosophischen Form zu geben.

Und die heutige Theosophie ist auch nichts Ewiges, sondern sie ist die Form, die für heute taugt. Später wird unseren Seelen in ganz anderer Form die Wahrheit verkündet werden. Es wird ganz anders innerhalb dieser Wahrheit gewirkt werden. Und das, was heute Theosophie ist, wird dann in der Erinnerung leben, wie für uns die alten Mythen und Sagen. Der Okkultist spricht nicht von diesen alten Zeiten so, als ob da nur Dummheit und kindliche Anschauungen gegolten hätten. So unbescheiden ist er nicht. Er weiß, dass die Theosophie die Form der Weisheit ist, die gerade für unsere Epoche taugt, so wie die Mythen und Sagen die Form waren, die für die damalige Epoche taugte. Und so

Fortsetzung S. 109

wie sie die Menschenseelen vorbereiteten, auf die Zukunft, die unsere Gegenwart ist, so arbeiten wir in der Theosophie um vorzubereiten für die nächste Epoche.

Wir müssen uns klar machen, daß es etwas Absolutes in der Form der Wahrheit nicht giebt, da jede Form von Erkenntnis der jeweiligen Entwicklungsstufe der Menschheit entspricht.

Der Jesus-Christus muß sagen: der gewaltige Engel der da kommen wird, das, was meine Mission im Geiste ist, wird sein, daß die Menschheit durch die Liebe geführt werden muß u. dann zurückkommen wird zu dem, was symbolisiert wird durch die Wassertaufe. Wir müssen jetzt nicht zelotisch am Wasser festhalten; dasjenige was durch das Wasser symbolisiert wird, das wird durch den Geist später geboten. Das sind Beziehungen für Christus verwandelt das Wasser in Wein zum Zeugnis daß er da ist für die Menschheitskinder, die ganz hinabgestiegen sind in die Materie; – er geht hin z

(s. Faksimile S. 108 und Textvergleich S. 246) wie sie die Menschenseelen auf die Zukunft vorbereiteten, die unsere Gegenwart ist, so arbeiten wir in der Theosophie, um für die nächste Epoche vorzubereiten.

Wir müssen uns klarmachen, dass es etwas Absolutes in der *Form* der Wahrheit nicht gibt, da jede Form von Erkenntnis der jeweiligen Entwicklungsstufe der Menschheit entspricht.

Der Jesus Christus muss sagen: Der gewaltige Impuls, der da kommen wird, das, was meine Mission im Geist ist, wird sein, dass die Menschheit durch die Tiefe geführt werden muss und dann zurückkommen wird zu dem, was durch die Wassertaufe symbolisiert wird. Wir müssen jetzt nicht zelotisch (fanatisch) am Wasser festhalten. Das, was durch das Wasser symbolisiert wird, das wird durch den Geist später geboten. Das sind Berührungsfäden (?). Christus verwandelt das Wasser in Wein zum Zeugnis, dass er da ist für die Menschenkinder, die ganz hinabgestiegen sind in die Materie. Er geht hin zu (Ende Faksimile S. 108) den Galiläern, er schickt sich in ihre Lebensgewohnheiten. Es muss der höchste Wahrheitsimpuls bis zu den physischen Gewohnheiten der Menschen hinabsteigen.

Er zeigt ihnen das erste Zeichen seiner Mission, in dem er das Wasser selbst in den Reinigungskrügen in Wein verwandelt. Das ist sehr bedeutsam, dass hier «sechs Reinigungskrüge» (2,6) stehen. Reinigung ist dasjenige, was durch die Taufe bewirkt wird. Man sprach in jener Zeit, wenn man die Tatsache des Taufens ausdrücken wollte, nur vom «Taufen». Niemals sprach man das Wort «Taufe» aus, sondern (Ende Textvergleich S. 246) nur das, was durch die Taufe bewirkt wird: die Reinigung. Man wird niemals anders das entsprechende Wort als im Zeitwort finden. Niemals wird das Hauptwort (die Taufe) gebraucht, es wird immer die Wirkung, die Folge der Taufe ausgedrückt, das heißt die Reinigung. Der Mensch soll sich durch diese Reinigung an seinen Zusammenhang mit der Gottheit erinnern. Selbst in den Krügen für dieses Reinigungsopfer lässt der Christus symbolisch das sein, was der Zeitepoche zukommt.

Daher muss er sagen: Meine Zeit wird kommen, die Zeit der Zukunft, aber sie ist jetzt noch nicht da. Was ich jetzt zu wirken habe, das hängt zum Teil noch mit dem alten Prinzip zusammen. Der Christus steht mit einem Fuß in der alten und mit dem anderen in der neuen Zeit, in die er hineinführt. Er steht auf dem Boden, dass er nicht in absolutem, sondern in kulturpädagogischem Sinne auf die Zeit wirkt, so wie die Zeit es braucht.

Er sagt zu der Mutter: O Weib, das, was ich jetzt zu vollbringen habe, hängt noch mit den alten Zeiten zusammen, mit dem, «was zwischen dir und mir ist» (2,4). Brutal ist die Übersetzung: «Weib, was habe ich mit dir zu schaffen.» Was hätte es für einen Sinn, wenn er dann doch das tut, worum die Mutter ihn bittet. Dass die Mutter ihn auffordert, hat den Sinn, dass die Blutsverwandtschaft – der damals gegenwärtige Zustand der Menschheit –, in dem Zusammenhang zwischen Sohn und Mutter symbolisiert werden soll. Der Christus zeigt, dass man jetzt noch mit diesem Verhältnis zu rechnen hat, dass aber eine spätere Zeit kommen wird, die seine Zeit ist.

Kapitel für Kapitel finden wir im Johannes-Evangelium ein Zweifaches. Das Erste ist, dass alles, was mitgeteilt ist, für diejenigen mitgeteilt ist, die okkulte Wahrheiten begreifen können. Heute gibt sie die Theosophie exoterisch (für alle), damals konnte nur der sie wissen, der ein Eingeweihter war. Derjenige konnte es damals verstehen, der vermochte, außerhalb des Leibes wahrzunehmen, der sich der geistigen Welten bewusst werden konnte, der ein Eingeweihter war. Wollte der Christus Wahrheiten wie die vom «eingeborenen Sohn» verkünden, so konnte er nur zu solchen reden, die ihn verstehen konnten, die geistig sehen konnten.

Nikodemus werden die wichtigsten Wahrheiten verkündet über die Wiedergeburt der Seele. Wir lesen (3,1 ff.): Es war aber ein Mensch … Der kam zu Jesus bei der Nacht …

Auf die Goldwaage müssen wir jedes Wort legen. «Bei Nacht»: Nicht am Tag, wo er seine Seele im physischen Leib hat, kommt er zu ihm, sondern bei Nacht, das heißt, wo er mit geistigen Augen sieht und sich seiner geistigen Sinne bedient, um das aufzunehmen, was der Christus ihm zu sagen hat. Ebenso wie zwischen Christus und Nathanael ein Verständnis zwischen Eingeweihten besteht, so auch hier mit Nikodemus.

Das Zweite ist, dass in allem gezeigt wird, dass der Christus eine Mission zu erfüllen hat, die von der Blutsverwandtschaft absieht, die für alle Menschen gilt. Indem er zur Samariterin am Brunnen hingeht, wird uns das deutlich gezeigt. Er erteilt ihr die Unterweisung, die er denen geben will, die nicht aus gleicher Blutsverwandtschaft stammen, deren Ich aus der Blutsgemeinschaft herausgehoben ist. Es heißt dort: «Denn die Juden hatten keine Gemeinschaft mit ihnen.» (4,9). Darauf wird besonders hingewiesen. Es ist besonders wichtig, dass der Christus zu den Entwurzelten geht.

Nicht nur das durchbricht er, was sich durch Blutsbande in Volksweise zusammenschließt, sondern auch das, was sich in Ständen sondert. Er geht zu denen, die außerhalb der Gruppenseele stehen. Er heilt den Sohn des Königlichen (Kap. 4), der ihm nach Auffassung der Juden fremd ist. Er ist der Missionar des selbstständigen Ich, das sich in jedem Menschen findet. Daher darf er auch sagen: Ich spreche nicht von meinem Ich, wenn ich sage: «Ich bin», sondern von dem Ich, das jeder Mensch in sich finden kann. Mein Ich ist eins mit dem göttlichen Vater. Das Ich, das sich in jedem Menschen findet, ist ebenso eins mit dem göttlichen Vater, denn es ist ein Ewiges und findet seinen Urgrund im ewigen kosmischen Vater.

Wenn man sich in den tiefen Sinn dieses Wortes versenkt, wird manches klar, über das man sonst stolpern kann (Kapitel 3, Verse 31-34):

> «Der von oben her kommt, ist über allen. Wer von der Erde ist, der ist von der Erde und redet von der Erde. Der vom Himmel kommt, der ist über allen und bezeugt, was er gesehen und gehört hat; und sein Zeugnis nimmt niemand an. Wer es aber annimmt, der besiegelt, dass Gott wahrhaftig ist. Denn der, den Gott gesandt hat, redet Gottes Worte; denn Gott gibt den Geist ohne Maß.»

Das wird gewöhnlich so gelesen, dass der Täufer sagt: «Der von oben kommt, das heißt, der, welchen Gott gesandt hat» und so weiter – bis: «Gott gibt nicht den Geist nach dem Maß.» Könnte jemand ehrlicherweise sagen, dass er dieses Wort versteht? Was ist das für ein Gegensatz: «vom Himmel» und «von der Erde» kommen? Derjenige, der von Gott kommt, redet Gottes Worte – und so weiter. Was heißt das?

Da müssen wir uns klar sein, dass der Christus sagen will – und unzählige Reden wiederholen es –: Wenn ich vom Ich spreche, dann spreche ich von dem Ewigen im Menschen, das eins ist mit dem Vater, mit dem geistigen Urgrund der Welt. Ich spreche von etwas, was im Allerinnersten jedes Menschen wohnt. Hört jemand mich und versteht er mich nicht, dann kennt er dieses Ich noch nicht. Er kennt nur das niedere Ich. Der Mensch, der mich verstehen will, der muss in sich selbst den Geist entdecken, den ich verkündige. Den muss jeder in sich selbst als seinen ewigen Grund erst finden. Dann kann er auch den Weg zum Vater, zum ewigen Urgrund, finden.

Davor steht die Stelle im Kapitel 3, Vers 23: «Johannes aber taufte auch noch in Änon, nahe bei Salim, denn es war da viel Wasser; und sie kamen und ließen sich taufen.» Johannes taufte, das heißt, er reinigte. Die Reinigung ist die Folge der Taufe. Man sprach vom Zusammenhang des Menschen mit dem Göttlichen und seinem späteren Untertauchen in die Materie. Es heißt dann weiter in Vers 26:

> «Und sie kamen zu Johannes und sprachen zu ihm: Meister, der bei dir war jenseits des Jordans, von dem du Zeugnis gegeben hast, siehe, der tauft, und jedermann kommt zu ihm.»

Sie sagen: Jesus tauft auch! Und der Täufer muss ihnen klarmachen, dass dasjenige, was durch den Christus Jesus in die Welt kommt, etwas Neues, etwas ganz anderes ist. Der Christus lehrt nicht jenen Zusammenhang mit der Gottheit, der von der Reinigung der Taufe abhängt, sondern den Zusammenhang, der durch eine freie Gabe des selbstständigen Ich erlebt wird.

Jeder muss in sich selbst, in seinem Ich, den Geist finden, der ihn mit der Gottheit zusammenführt. Dann ist er selbst der «Christus», dann wird er gewahr, dass er selbst von Gott gesandt ist. Er erkennt seinen Zusammenhang mit Gott, und dann erst bringt er das richtige Verständnis dem entgegen, der zuerst von Gott gesandt ist und im vollsten Sinne die Wahrheit verkündet. Die Lehre, die die Alten über ihren Zusammenhang mit der Gottheit hatten, war in vielen Büchern kunstvoll aufgeschrieben. Die Psalmen zum Beispiel sind wunderbar gefügte Reden im Alten Testament. Sie alle reden von dem alten Blutszusammenhang als Grundlage des Zusammenhangs mit Gott. Man kann viel aus ihnen lernen, aber nicht mehr, als was mit diesem alten Prinzip zusammenhängt.

Wollen wir aber den Christus verstehen, dann brauchen wir diese alten Künstlichkeiten nicht. Sind wir von seinem Geist ergriffen, haben wir ihn mit dem ganzen Ich erfasst, dann haben wir, wenn auch noch nicht die volle Wirkung, so doch die Vorbedingung, ihn zu verstehen. Sind wir in unserem Ich so weit, dass wir den Christus gewahr werden, und haben wir ihn so verstanden, dass wir selbst von Gott gesandt sind, dann braucht es bloß die einfachsten Worte. Für den, der anfängt, den Gott in seiner Seele zu erfassen, brauchen es nur lallende Worte zu sein – sie werden Gott erreichen. Er kann selbst in lallenden Worten an seinen Gott appellieren.

Die Psalmen hatten das Versmaß. Damit konnte man aber nur den alten Gott finden. Wer nur den alten Zusammenhang mit Gott kennt, auch wenn er noch so schöne Worte redet – sein Mantram führt nur zu dem alten Gott. Wer aber aus der geistigen Welt kommt, der ist über allem. Er kann Zeugnis von dem geben, was er im Geistigen gehört und gesehen hat, und sein Zeugnis ist wahr. Diejenigen, die nur in der alten Weise reden, nehmen sein Zeugnis nicht auf. Diejenigen aber, die es aufnehmen, sie fühlen, dass sie selbst Gottgesandte sind. Und in ihrem Aufnehmen besiegeln sie, dass sie die Worte verstehen.

Derjenige, der da fühlt, dass er von Gott gesandt ist, der offenbart selbst im Lallen Gottes Worte – denn der Geist, der hier gemeint ist, braucht sich durch kein Mantram, durch kein Silbenmaß auszusprechen. Er kann in der allereinfachsten Weise reden. Der Christus appelliert an das Ich, das in der Menschenseele selbstbewusst geworden ist. «Maß» (3,34, ἐκ μέτρου, ek metrou) müssen wir als Silbenmaß nehmen, als kunstvoll aufgebaute Sprache.

25. Mai 1908

– VI –

Es ist bereits darauf hingewiesen worden, daß wir in dem Gespräch des Christus mit Nikodemus die Unterredung zu sehen haben, die der Christus mit einer Persönlichkeit hatte, die imstande ist dasjenige wahrzunehmen, was man außer dem physischen Leibe durch bis zu einem gewissen Grade entwickelte, geistige Erkenntnisorgane wahrnehmen kann. Es ist gesagt worden, daß klar und deutlich für jene, die solche Dinge verstehen, dies angedeutet ist, dadurch, daß gesagt wird: er kam zu ihm bei der Nacht, d.h. in einem bewußtseins Zustande in dem sich der Mensch nicht bedient seiner phys: Sinnesorgane, da er nicht in seinem phys: Leib ist. Nun wissen Sie, daß in diesem Gespräch hauptsächlich die Rede darin ist, daß es eine Wiedergeburt des Menschen giebt, „aus Wasser und Geist" wie gesagt wird:

Joh: 3.5. „Amen, Amen, ich sage dir, es,

Sechster Vortrag

Das Gespräch mit Nikodemus

Die Geburt aus Wasser und aus Luft

Hamburg, 25. Mai 1908

Meine lieben theosophischen Freunde!

Wir haben bereits darauf hingewiesen, dass wir in dem Gespräch des Christus mit Nikodemus eine Unterredung zu sehen haben, die der Christus mit einer Persönlichkeit hat, die imstande ist, das wahrzunehmen, was man durch bis zu einem gewissen Grad entwickelte geistige Erkenntnisorgane außerhalb des physischen Leibes wahrnehmen kann. Wir haben gesagt, dass klar und deutlich für jene, die solche Dinge verstehen, dieses dadurch angedeutet ist, dass gesagt wird: Nikodemus kam zu ihm bei der Nacht – das heißt in einem Bewusstseinszustand, in dem sich der Mensch nicht seiner physischen Sinnesorgane bedient, da er nicht in seinem physischen Leib ist.

Wir wissen, dass in diesem Gespräch hauptsächlich die Rede davon ist, dass es eine Wiedergeburt des Menschen «aus Wasser und Geist» gibt. Es wird gesagt: «Wahrlich, wahrlich, ich sage dir: Es sei denn, dass jemand geboren werde aus Wasser und Geist, so kann er nicht in das Reich Gottes kommen» (3,5).

Dass die Worte dieser tiefsten Urkunde der Menschheit mit der Goldwaage zu wägen sind, haben wir bereits gesagt. Es muss festgehalten werden, dass die Worte einer solchen Urkunde in buchstäblichem Sinne zu nehmen sind, aber auch, dass man diesen Sinn erst erkennen muss. Und das können wir nur, indem wir uns ganz in sie versenken, indem wir in sie untertauchen. Man sagt: Der Buchstabe tötet, der Geist macht lebendig! Aber diejenigen, die diesen Satz zitieren, wenden ihn oft in sonderbarer Weise an. Sie betrachten ihn als Freibrief, einen beliebigen Sinn aus der Urkunde herauszulesen. Sie sagen zu dem, der sich die Mühe gibt, den Buchstaben erst zu erkennen: Ach, was geht das uns an? Der Buchstabe tötet, der Geist aber macht lebendig!

Solche Menschen stehen auf derselben Höhe wie die, die da sagen: Der Körper ist das Tote, der Geist aber ist das Lebendige; also erschlagen wir den Körper, damit der Geist recht lebendig wird! Der Geist muss die Organe des physischen Leibes benutzen, stufenweise muss er sich durch die Erfahrungen bilden, die die physischen Sinne ihm zutragen, um sie zu dem Geist hinaufzutragen. So auch müssen wir in den Buchstaben erst ganz eindringen, dann können wir in uns den Buchstaben töten – wie des Menschen Leib dann abfällt, wenn alles herausgeholt ist, was der Geist in ihm lernen kann.

Im Gespräch des Christus mit Nikodemos liegt etwas außerordentlich Tiefes. Wir können in diese Tiefe nur eindringen, wenn wir die Entwicklung der Menschheit noch weiter zurück verfolgen, als wir es bisher getan haben. Wir werden heute den Menschen in noch früheren Zeiträumen seiner Entwicklung verfolgen. Damit wir aber nicht zu sehr schockiert werden durch das, was über die früheren Entwicklungszustände der Menschheit zu sagen ist, möchte ich noch einmal in die alte atlantische Zeit führen, ehe wir noch weiter zurückgehen.

Unsere Vorfahren lebten damals auf einem Erdteil, der dort war, wo heute der Atlantische Ozean ist. Wenn wir die letzten Zeiten dieser Menschheitsepoche durchforschen, finden wir in diesen sehr weit zurückliegenden Zeiten, dass der Mensch nicht gar zu unähnlich seiner jetzigen Gestalt war. Aber in der ersten atlantischen Zeit würden wir eine Menschengestalt finden, die von der heutigen ganz und gar verschieden ist. Noch früher lebten die Menschen in Lemurien, das anhand von mächtigen Umwälzungen durch Feuergewalt zugrunde gegangen ist. Wenn wir den Menschen von damals mit hellseherischem Blick prüfen würden, würden wir ihn sehr, sehr verschieden von der heutigen Menschengestalt finden.

Wenn wir uns auch manches an Schilderungen in der Geografie gefallen lassen, so würde uns diese Grundgestalt der Menschen recht unwahrscheinlich vorkommen, wenn wir sie der Form nach beschreiben. Nehmen wir an, wir könnten uns mit unseren jetzigen Sinnen in die letzte lemurische und die erste atlantische Zeit der Menschheit zurückversetzen. Wir würden die Erdoberfläche in ihren verschiedenen Teilen betrachten können. Wenn wir aber erwarten, dass wir den Menschen auf der Erde finden, dann täuschen wir uns. Der Mensch (s. Faksimile S. 120, 1. Zeile) war damals noch nicht in einer solchen Form vorhanden, dass wir ihn hätten sehen können.

Fortsetzung S. 121

war damals noch nicht in einer solchen Form vorhanden, daß Sie ihn hätten sehen können. +

C

Sie würden zwar gewisse Gebiete der Erdoberfläche schon als Inseln ange-wiesen sehen können, wie der im Wasse-

übri- gen noch flüssigen, vom Wasser umge-benen oder im Dampf gehüllten Erde. Auch diese Inseln sind noch nicht ein festes Land, es sind noch weiche Erdmassen gewichen dann hervorgequollen sind, so daß sie fortwährend hinaufgetrieben wurden und wieder untergesunken durch den Ätherischen Gewalten. Es ist noch ein im Feuer tätiges Element der Erde lebendig, flutet es und wandelt sie unaufhörlich um. Dann würden Sie finden auf solchen Gebieten, die schon einen ganz Grad von Abkühlung erlangt haben, daß sie Vorläufer unserer Tierwelt hervorbrachten – gestaltete Gestalten, Vorgänger unserer Reptilien und Amphibienwelt. Aber einen Menschen würden Sie nicht sehen können. Warum das? Weil der Mensch

(Handschriftwechsel – s. S. 120, 4. Zeile) Wir würden zwar gewisse Gebiete der Erdoberfläche schon als Inseln emporragen sehen können aus der im Übrigen noch flüchtigen, von Wasser umgebenen oder in Dampf gehüllten Erde. Auch diese Inseln sind noch nicht ein festes Land. Es sind noch weiche Erdmassen, zwischen denen Feuergewalten spielen, sodass sie fortwährend durch solche vulkanischen Gewalten hinaufgetrieben werden und wieder untergehen. Es ist noch ein im Feuer tätiges Element der Erde. Lebendig flutet es und wandelt sie unaufhörlich um. Dann würden wir finden auf solchen Gebieten, die schon einen gewissen Grad von Abkühlung erlangt haben, dass sie Vorläufer unserer Tierwelt beherbergen: groteske Gestalten, Vorgänger unserer Reptilien- und Amphibienwelt. Aber vom Menschen würden wir nichts sehen können. Warum das?

Weil der Mensch (Ende Faksimile S. 120) in der damaligen Zeit keinen so dichten, festen physischen Leib hatte. Wir müssen ihn in den Wasser- und Dampfwasserwellen suchen. Es ist, wie wenn wir heute im Meer gewisse Tiere nicht körperhaft sehen würden, sondern sie uns als weiche schleimige Masse erscheinen würden. So war der damalige menschliche physische Leib. Je weiter wir zurückgehen, desto dünner ist er, desto mehr ähnelt er seiner wässrigen Umgebung. Er verdichtet sich mehr und mehr während der atlantischen Epoche.

Wir können sehen, wenn wir mit hellseherischem Blick den Werdegang der Entwicklung verfolgen, dass die Menschen sich aus der Umgebung heraus verdichten und nach und nach auf den Erdboden herabkommen. Es ist also richtig, dass der physische Mensch verhältnismäßig spät die Erdoberfläche betritt. Er steigt aus dem Wasser herab, er kristallisiert sich nach und nach aus dem Luftraum heraus. Das ist natürlich nur eine ganz skizzenhafte Beschreibung. Es hat noch frühere Zeiten gegeben, wo es einen Menschenleib gab, der sich noch nicht von seiner Umgebung unterschied. Der Menschenleib wird sozusagen dünner und dünner, je weiter wir zum Anfang unseres jetzigen Erdplaneten zurückkommen.

Wir wissen, dass unsere Erde aus dem alten Mond, aus dem Kosmos der Weisheit, hervorgegangen ist. Der alte Mond hatte auf einer gewissen Stufe seine Entwicklungshöhe erlangt. Was wir heute feste Erde nennen, das könnten wir auf dem alten Mond nicht finden. Wir müssen uns klarmachen, dass auf der vorangehenden Verkörperung unserer Erde auch die physischen Verhältnisse ganz andere waren.

Während des alten Saturnzustandes war es so, dass, wenn wir uns dem Saturn während des mittleren Zustandes seiner Entwicklung genähert hätten, wir da nicht einen Weltkörper schweben gesehen, sondern eine Region von Wärme gespürt hätten. Die einzige Wirklichkeit des alten Saturn war ein solcher Wärmezustand. Der Okkultist unterscheidet nicht nur, wie der heutige Physiker, drei Zustände der Materie – das Feste, das Flüssige und das Gasförmige –, sondern er kennt noch einen vierten Zustand, die Wärme. Das ist nicht nur ein Bewegungszustand der Materie, sondern ein Aggregatzustand, den wir als eine vierte Art erleben. Der Saturn bestand nur aus dieser Wärme.

Wenn wir dann zur Sonne aufrücken, da erleben wir eine Art Verdichtung. Die Sonne ist ein luft- oder gasförmiger

Körper. Der alte Mond verdichtet sich noch weiter. Sein mittlerer Zustand, wo er nicht mit der Sonne vereint ist, ist der flüssige Zustand. Felsmassen und Ackerkrume sind da noch nicht vorhanden. Das verdichtet sich erst auf unserer Erde, wo es sich aus dem Flüssigen heraus kristallisiert.

Als unsere Erde ihre Bildung beginnt, muss sie noch einmal die Zustände wiederholen, die sie früher hatte. Das ist immer so. Die Erde durchläuft rasch den Saturn-, den Sonnen- und den Mondzustand. Als sie den Mondzustand durchläuft, besteht sie aus Wasser und Wasserdampf. Sie besteht aus einer flüssigen Substanz, das ist damals ihr dichtester Zustand. So kennen wir einen Zustand der Erde, wo sie eine wässrige Kugel war. Dieses Wasser war nicht so dicht wie das heutige, Gasiges und Flüssiges waren durcheinandergemischt. Denken wir uns diese Kugel im Weltraum schwebend: Der Mensch ist in ihr drinnen. Weil noch keine festen Substanzen sich abgesetzt haben, kann er in dieser Kugel drinnen sein.

Was war vom heutigen Menschen auf dem alten Mond? Das Ich und der Astralleib waren da, aber sie empfanden sich nicht als ein abgesondertes Wesen, sondern sie waren in der wässrigen Substanz eingebettet, in dem Schoß der Gottheit, deren Leib die wässrig-dampfförmige Erde war. In diesem kosmischen Leib bilden sich astralische Einschlüsse, die mit dem Ich ausgestattet sind. Das ist die erste dünne, feine Menschenanlage (s. Zeichnung A, S. 124). Die für äußere Sinne unsichtbaren astralischen Menschen-Iche sind in der wässrigen Erdkugel eingebettet. Sie holen sich die erste Anlage zum physischen Leib heraus. Diese gliedert sich in einem ganz feinen Zustand heraus.

Wenn wir diese Vorgänge hellseherisch verfolgen, finden wir die erste Anlage zum physischen Leib von dem kosmischen Astralleib und Ich umgeben. Was heute im Bett bleibt, wenn der Mensch schläft, der physische und der Ätherleib, die heute eine ganz andere Form haben, das

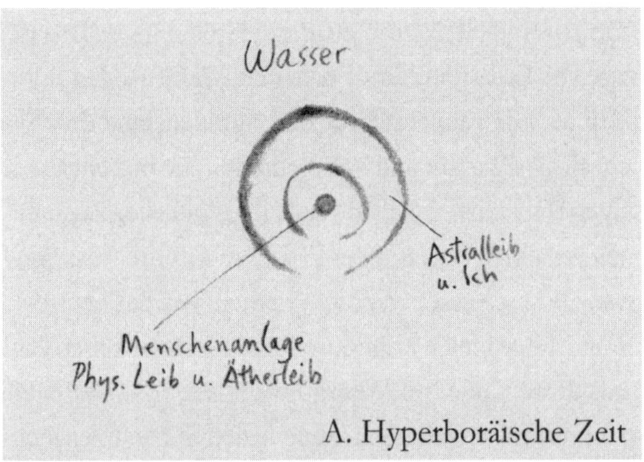

A. Hyperboräische Zeit

bildet sich in seiner ersten Anlage wie Menschenkeime. Die wässrige Dampfmasse verdichtet sich zu diesen Menschenkeimen und diese gliedern sich in die Wassermassen ein.

Das Nächste, was sich bildet, das ist, dass sich das Wasser noch weiter verdichtet. Luft und Wasser scheiden sich, sie sind nicht mehr durcheinandergemischt. Die Folge ist, dass auch die menschlichen physischen und Ätherleiber dichter werden. Der Mensch wird luftartig und nimmt in sich das Feuerelement auf. Wir können uns auf dieser Stufe den physischen und den Ätherleib wie eine Art Blase vorstellen, die aus Luft besteht. Astralleib und Ich umgeben sie.

Zum Teil ist diese Blase von Feuer durchwärmt. Alles bewegt sich in dem, was vom Wasser übriggeblieben ist.

Der damalige physische Leib des Menschen, der schon vom Ätherleib durchzogen ist, bewegt sich abwechselnd im Wasser und in der Luft. Er ist bis zur Luftdichte gekommen und ist vom Feuer durchglüht. Zu jedem dieser Luftfeuermenschen gehört ein Astralleib und ein Ich, aber diese sind noch nicht in Luft und Feuer drinnen, sondern noch im Schoß der Gottheit eingebettet. Der Mensch empfindet sich noch nicht als einzelnes Ich. Die Reste dieses alten Feuers leben heute noch im Menschen: Das ist das Feuer, das das Blut durchpulst – die Blutwärme. Das lebt in der Luft, und indem

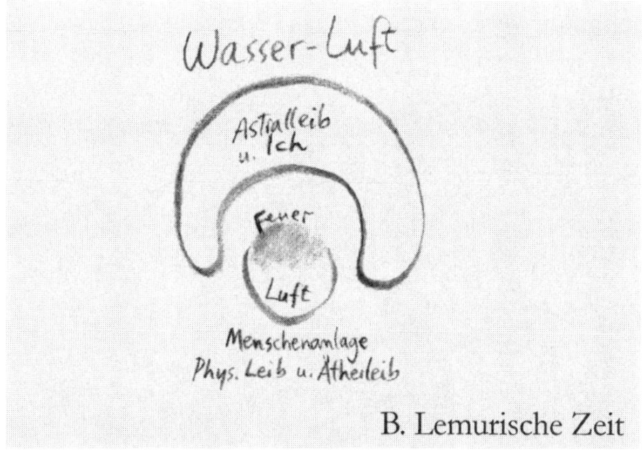

B. Lemurische Zeit

wir einatmen, wird diese Luft in das Blut aufgenommen, das dadurch warm wird. Es durchdringt den ganzen Körper.

Denken wir uns alles Feste und Flüssige von unserem Leib weg und stellen wir uns bloß die Gestalt vor, die von einem Menschen bleibt, der den Sauerstoff der Luft, die er einatmet, bis in die kleinsten Glieder seines Körpers hineintreibt. Dann haben wir wie ein Schattenbild des menschlichen Körpers: eine Gestalt, die aus Luft besteht und von Wärme durchzogen ist. Ein solcher Mensch waren wir damals. Festes und Flüssiges gab es nicht in unserem physischen und Ätherleib. Der Luft-Feuermensch war von einem kosmischen Astralleib eingehüllt, der mit dem Ich ausgestattet war.

Dieser Zustand des Menschen dauerte bis in die atlantische Zeit hinein. Derjenige, der sich der Illusion hingibt, dass es in der ersten atlantischen Zeit schon Menschen von Fleisch und Blut gegeben hat, der irrt sich. Als Luft-Feuermensch ist der Mensch aus der Luftregion in die Tiefe der materiellen Region herabgestiegen. Nur Tiere, die nicht länger mit ihrer Verkörperung in das Physische warten konnten,

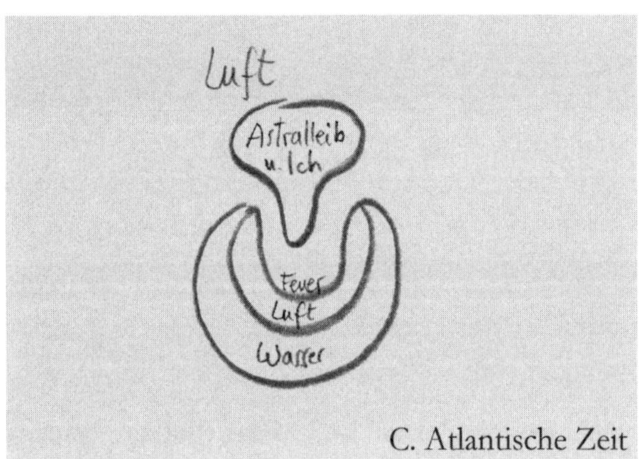

C. Atlantische Zeit

waren damals schon auf der Erde. Die Erde konnte nur das Material für niedere Tierformen hergeben, die nicht warten konnten – noch nicht für den Menschen.

Das Nächste in der Entwicklung des Menschen ist, dass er seinem physischen Leib, der aus Luft und Wärme besteht, das Wasser eingliedert. Er war auch früher ein Wassermensch, das muss richtig verstanden werden. Auch früher war die Erde eine Wasserkugel, in der Astralleib und Ich als eine geistige Wesenheit schwammen. Aber es gab in ihr noch keine abgesonderten Wesenheiten. Jetzt sehen wir den Menschenleib quallenförmig im Wasser (s. Zeichnung S. 126, «Wasser»), in dem Urmeer schwimmen. Aus dem Urmeer heraus verdichten sich quallengleich Gestalten, die man sehen kann, die einen Wasserleib besitzen. Der Mensch – der Astralleib und das Ich – ist aber immer noch in der göttlich-geistigen Wesenheit eingebettet.

Damals war die Verteilung der menschlichen Bewusstseinszustände eine ganz andere. Die heutige Abwechslung von bewusstem Tageszustand und unbewusstem nächtlichen Zustand gab es nicht. Der Mensch hatte bei Nacht ein hellseherisches Bewusstsein. Wenn er am Tag in seinen physisch-flüssigen Leib untertauchte, dann fing es für ihn an, finster zu werden. Bei Nacht aber umgab ihn blendende Helle, das astralische Licht. Der Tag war für ihn trübe und dunkel. Dann bilden sich immer mehr in diesem weichen physischen Leib die heutigen physischen Organe aus. Der Mensch lernt durch sie sehen, hören und so weiter. Das Tagesbewusstsein wird immer heller. Er schnürt sich immer mehr vom göttlichen Schoß ab.

Wenn wir die Mitte der atlantischen Zeit betrachten, finden wir den Menschen so weit verdichtet, dass er Fleisch und Knochen ist. Die gallertartige Masse verdichtet sich zum Fleisch. Die knorpeligen Einlagerungen, die ihre Struktur bilden, werden zu Knochen. Allmählich ändert sich der Mensch um, und damit zugleich die äußere Erde, die immer

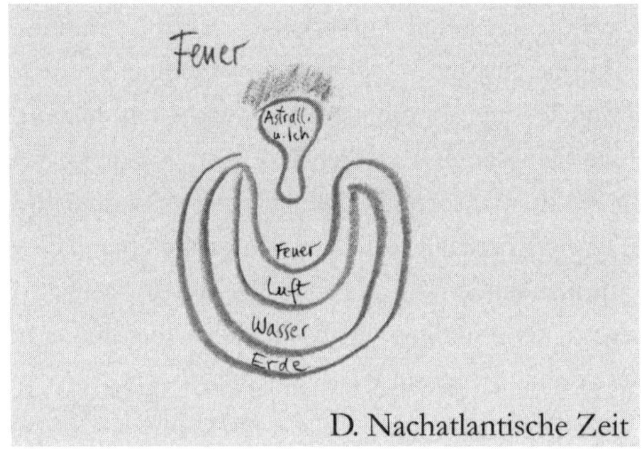

D. Nachatlantische Zeit

fester wird. Der Mensch steigt auf den Erdboden herab (s. Zeichnung, «Erde») und damit verschwindet das Bewusstsein, das er hatte, während er im göttlichen Schoß ruhte. Er bereitet sich vor, ein Erdbürger zu werden.

Im letzten Drittel der atlantischen Zeit wird der Mensch immer ähnlicher seinem heutigen physischen Leib. Der physische Leib besteht aus Feuer-Blut, aus Luft und aus flüssiger Substanz, das heißt Wasser. Die erdigen Bestandteile, die der physische Leib heute in seinen festen Teilen eingegliedert hat, hat er sich zuletzt angeeignet. So steigt der Mensch buchstäblich aus den Sphären herab, die wir als Wasserdampfsphäre, als Wasser- und Luftsphäre bezeichnen.

Wo war er also vor seiner Verkörperung? Er war im göttlich-geistigen Bewusstsein. So lange er darin war, war sein

Bewusstsein von astraler Helligkeit und Wahrnehmungsfähigkeit durchzogen. Weil er bei den Göttern war, hatte er ein göttliches Bewusstsein, aber sich selbst hatte er noch nicht. Durch das Dichterwerden schnürt sich der Mensch aus der göttlichen Substanz heraus. Er bekommt eine Art Schale, durch die er sich von seiner Umgebung abschnürt. Sein göttliches Bewusstsein verdunkelt sich mehr und mehr.

So können wir sagen: Als der Mensch bei den Göttern war, war das, was in unserem jetzigen Entwicklungszyklus im Bett liegen bleibt, wenn der Mensch schläft, in einem wässrigen und Luftzustand. Nach und nach hat er sich zu seiner Materialität verdichtet, gleichzeitig mit der Verdichtung der Erde. Das ist der Abstieg des Erdbewohners.

Und ebenso, wie er von den Göttern herabgestiegen ist, ebenso wird er zu ihnen wieder hinaufsteigen. Nachdem er erfahren haben wird, was er in der Materie erfahren kann, wird er wieder zur Gottheit hinaufsteigen, von der er herstammt. Dieses Bewusstsein muss der Mensch in sich tragen, dass sein wahres Sein nicht in der Materialität, sondern in den Wasser- und Luftregionen ist. Er ist aus ihnen heraus verdichtet und er wird bei seinem Aufstieg sich wieder in sie hineinverdünnen.

Die Menschen empfangen die Kräfte zu diesem Aufstieg nur, wenn sie das Bewusstsein in sich aufnehmen, dass sie sich «verdünnen» müssen, wenn sie ihr Erdziel und ihre Erdmission erreichen wollen. Der Mensch ist nicht aus Fleisch und Erde geboren, sondern aus Luft und Wasser. Er muss wieder in Luft und Wasser hineingeboren werden, und das muss er zunächst im Geist vorausnehmen. In diesem

Sinne müssen wir die Worte verstehen, die Jesus zu Nikodemus sagt und die richtig übersetzt werden müssen. Es heißt nicht, «es sei denn, dass jemand geboren werde aus Wasser und Geist», sondern es heißt «aus Wasser und Luft»:

> «Amen, amen, es sei denn, dass jemand aus Wasser und Luft geboren werde, so kann er nicht in den Himmel kommen.» (3,5).

«Pneuma» (πνεῦμα) bedeutet neben Geist auch Luft oder Dampf. Das Wort «Geist» bringt ein falsches Bewusstsein hervor. Der Christus weist auf den Zustand der Vergangenheit hin, in den sich der Mensch in Zukunft wieder hineinentwickeln muss. Tiefe Geheimnisse der Entwicklung haben wir in diesem Gespräch vor uns. Aus diesem Beispiel sehen wir, dass es sich darum handelt, dass wir die Worte in ihrem buchstäblichen Sinne ganz genau verstehen. Wir müssen sie erst buchstäblich nehmen. Gerade durch die buchstäbliche Auffassung geht aus ihnen die tiefste geistige Bedeutung hervor.

In eine andere Tatsache der Entwicklung wollen wir hineinblicken. Schauen wir noch einmal zurück in die Zeit, wo der menschliche Astralleib noch im Schoß der göttlichen Astralität eingebettet war. Wie die Entwicklung der einzelnen astralischen Menschen geschah, können wir uns in schematischer Weise vorstellen.

Das Astralische des Menschen war vorher in der allgemeinen göttlichen Astralität eingebettet. Das Physisch-Ätherische bildete sich als eine Schale um einzelne Teile dieser allgemeinen Substanz herum. Dadurch wurden Menschenkeime aus der allgemeinen Astralität herausgeschnürt. Wie wenn wir aus einer Wassermenge mit einer Schale Wasser herausschöpfen und das Wasser dann innerhalb der Schale eine Einheit bildet, so gliedert sich das einzelne Menschenbewusstsein aus dem allgemeinen göttlichen Bewusstsein heraus. Die Abschnürung des einzelnen Menschenbewusstseins geht so vor sich.

Parallel mit dieser Abschnürung vom Göttlich-Geistigen geht die Herausbildung des Physischen vor sich. Wie in einer Schale sind jetzt die einzelnen individuellen Menschen eingeschlossen, die sich als Partien aus der allgemeinen Astralität abgesondert haben. Der Mensch muss dieses Individualisiertwerden dadurch bezahlen, dass das astral hellsehende Bewusstsein, das er hatte, verschwindet. Dafür schaut er aus den Öffnungen seiner Schale in die physische Welt hinaus und nimmt deren Wirkungen in sich auf.

So sehen wir das entstehen, was unser selbstständiges individuelles Inneres ist – und das, was die Schale oder der Träger des Ich ist. Was im Bett liegt, wenn der Mensch schläft, ist das, was sich im Laufe der Zeit aus dieser Schale herausgebildet hat. Und was sich durch die Einschalung abgeschnürt hat, das kehrt jede Nacht in die allgemeine geistige Substanz zurück. Es geht aber nicht so intensiv darin auf wie damals, als es noch mit ihr vereinigt war, denn dann wäre es in der Nacht hellsehend. Jetzt bewahrt es sich seine Selbstständigkeit.

Was jede Nacht seine Stärkung in dem allgemeinen Geist sucht, wem verdankt es sein Dasein? Dem, was im

Bett liegen bleibt, was sich nach und nach aus der Schale gebildet hat. Das hat das herausgeboren, was bei Tag in die Schale untertaucht und durch die physischen Sinne in die physische Welt hinausschaut. Das ist bei Nacht in einem bewusstlosen Zustand, weil es sich von dem Zusammenhang mit der Geistigkeit losgelöst hat.

In dem Sprachgebrauch der alten Zeit nannte man den physischen und Ätherleib, die im Bett liegen bleiben, den irdischen Menschen. Das ist das, in dem bei Tag das Ich und der Astralleib drinstecken. Und was jede Nacht aus diesem irdischen Menschen heraus geboren wird, das nannte man den «Menschensohn». Menschensohn ist der technische Ausdruck für Ich und Astralleib.

Wozu ist der Christus auf die Erde gekommen? Was soll durch seinen Impuls der Erde mitgeteilt werden? Der Menschensohn, der sich von dem Vatergrund der Gottheit losgelöst hat, lernt dafür die physische Welt erkennen. Er kehrt jede Nacht dahin zurück, doch ist er sich dessen nicht bewusst. Durch die Kraft des Christus soll er wieder zum Bewusstsein des Göttlichen kommen. Das Bewusstsein des göttlichen Daseins soll ihm wieder aufleuchten. Das kann der Mensch nur, wenn der Christus ihn mit seiner Kraft ausstattet. Dazu ist er auf die Erde gekommen, durch ihn soll der Menschensohn wieder zum Göttlichen erhöht werden.

Früher konnten nur einzelne Auserlesene in die geistigen Welten hinaufschauen. Man hatte auch für sie einen technischen Ausdruck. Diejenigen, die durch die Mysterienschulen hinaufschauten und von den geistigen Welten Zeugnis ablegten, nannte man die «Schlangen». Das sind die Eingeweihten der alten Zeit. Sie waren die Vorläufer der Tat des Christus. Moses zeigte seine Sendung dadurch, dass er vor seinem Volk das Symbol der Erlösung aufrichtete, dass er denjenigen erhöhte, der in die geistigen Welten hinaufschauen konnte: Er erhöhte die Schlange.

Was früher nur Einzelne waren, das sollte durch die Kraft des Christus ein jeder werden. Das drückt er aus, indem er sagt: «Und wie Mose in der Wüste die Schlange erhöht hat, so muss der Menschensohn erhöht werden» (3,14). Jeder Menschensohn soll jetzt erhöht werden. Der Christus bedient sich [Handschriftwechsel] der technischen Ausdrücke von damals.

Früher konnte nur eine Vorherverkündigung der Ich-bin-Lehre Platz greifen. Nur auf die äußere Autorität der Eingeweihten hin konnten die Völker von dem «Ich bin» etwas hören, das in jedem Menschensohn angefacht werden soll. Im Alten Testament wird prophetisch darauf hingewiesen und auf das Herabkommen des «Ich bin» vorbereitet. Was Vorbereitung war, das reift unter den Ägyptern heran. Diesen hatten tief Eingeweihte prophetisch vorherverkündigt, was auf die Erde kommen soll. Die Ägypter bilden in der nachatlantischen Zeit die dritte Kulturperiode. Sie gaben den Mutterschoß und das äußere Gefüge dafür, dass sich bei ihnen nach und nach der Impuls des «Ich bin» ausbildet. Sie kamen aber nicht so weit, dass aus ihnen heraus das Christus-Prinzip geboren werden konnte. Das althebräische Volk musste sich deshalb aus ihnen loslösen.

Das wird so dargestellt, dass Moses ausersehen ist, der Vorherverkündiger des Gottes zu sein, der das verkörperte

«Ich bin» sein wird. Er soll verkünden, dass der Mensch auf eine Zukunft hinschauen soll, wo der Spruch: «Ich und der Vater Abraham sind eins», durch den Spruch ersetzt wird: «Ich und der Vater sind eins». Das Volk sah damals noch auf die Gruppenseele, auf [Handschriftwechsel] den Gott im gemeinsamen Blut, aber das ist bloß eine äußere Offenbarung. Der höchste Gott, der «Ich bin», soll erst kommen und er wird später in dem Christus Jesus verkörpert werden.

Moses soll prophetisch einen höheren Gott verkünden, der im Gott seiner Väter schon drinsteckt. Aber dieser Vatergott ist noch nicht das höchste Prinzip des «Ich bin». Er verkündet die tiefe Wahrheit des «Ich bin», das später in dem Christus Jesus verkörpert lebt. Moses erhält den Auftrag: Sage, dass dasjenige, was du tun sollst, der Gott des Ich-bin es dir gesagt hat. Wenn sie dich fragen, wer dir den Auftrag erteilt hat, dann sage ihnen: Das «Ich bin» hat mir den Auftrag erteilt.

Das «Ich bin» ist jene Wesenheit, die jeder Mensch in sich trägt. Das ist das Christus-Prinzip überhaupt, die Wesenheit, die der Mensch wie einen Tropfen, wie einen Funken aus dem göttlichen Urmeer in sich spürt, wenn er «Ich bin» zu sich sagt. Moses erhielt den Auftrag, seinem Volk zu sagen:

> Der Ich-bin hat es mich gelehrt. Was ihr bisher nur äußerlich in der Materie gesehen habt als das Blut, das durch die Generationen bis zum Vater Abraham rinnt, das wird in der Weltgeschichte erscheinen, das ist der Gott, dessen Name «Ich-bin» ist.

Da wird vorherverkündet, was später auf der Erde erscheint. Wir hören den Namen des Logos damals zu Moses gerufen: «Ich bin der Ich bin.» Da ruft der Logos seinen Namen. Was da gerufen wird, was zunächst nur durch den Verstand, durch den Intellekt von innen begriffen wird, das erscheint dann im Fleisch als der verkörperte Logos, als der Christus Jesus.

Das äußere Zeichen dieses Logos, soweit ihn die Israeliten begreifen können, ist das «Manna», das auf sie herniederrinnt, das Manna der Wüste. Das heißt: Das Manas, das Geistselbst, strömt in dieselbe Menschheit ein, die nach und nach das Ich-Bewusstsein errungen hat. Solche Menschen können das Manna, das Manas, aufnehmen. Aber es kommt dann nicht als etwas, was der Mensch nur begreifen kann, sondern als Kraft, die er ganz in sich aufnehmen kann. Diese nennt sich nicht Manna, sondern «das Brot des Lebens». Nicht ein Begriff, nicht eine Lehre ist das, sondern eine Kraft.

Der fleischgewordene Logos wandelt das in Kraft um. Das Manna wird zu einem Kraftimpuls, an dem der Mensch teilnehmen kann. Dann nennt es sich aber das Brot des Lebens. Das ist der christlich-technische Ausdruck für «Budhi» oder «Lebensgeist». Das ist der Geist, der vormals wandelnd im Wasser war, von dem der Christus zur Samariterin in einem Sinnbild spricht. Er spricht zu ihr vom Wasser des Lebens – das ist das Brot des Lebens. Wir haben hier die erste Verkündigung des Einfließens des Brotes des Lebens oder des Lebensgeistes in die Menschheit.

VII.

26. Mai 1908

Es schifft sich im Joh. Evangl. zuletzt alles darauf zu, daß innerhalb der Menschheitsgeschichte das Geschehnis vorgeht das wir das Mysterium von Golgotha nennen. Dies in esoterischer Weise verstehen, heißt zu gleicher Zeit den tiefen Sinn des Joh. Evangl. enträtseln. Wann man ins Auge faßt, was eigentlich im Mittelpunkte des ganzen Mysterium von Golgotha steht u. dies im Sinne des Okkultismus erläutern will, so muß man an den Augenblick der Kreuzigung denken, an den Augenblick, als das Blut des Erlösers aus den Wunden rann, u. wir erinnern uns dabei an etwa was wir schon öfter gesagt haben, daß für den Kenner der geistigen Welten alles was materie ist u. stofflich physisch ist, daß das nur der äußere Ausdruck, Offenbarung für ein geistiges ist. Nun laßen wir uns vor der Seele stehen das physische Ereignis, das auf Golgotha ~~steht~~ geschah. Schauen wir hin auf den Christos, sehen wir das Blut aus seinen Wunden fliessen

Siebter Vortrag

Das Mysterium von Golgota

Wie die Erde beginnt, eine Sonne zu werden

Hamburg, 26. Mai 1908

Meine lieben theosophischen Freunde!

Im Johannes-Evangelium spitzt sich zuletzt alles darauf zu, dass innerhalb der Menschheitsgeschichte das Geschehnis vorgeht, das wir das Mysterium von Golgota nennen. Dieses in esoterischer Weise zu verstehen, heißt zugleich den tiefen Sinn des Johannes-Evangeliums zu enträtseln.

Wenn wir ins Auge fassen, was im Mittelpunkt des ganzen Mysteriums von Golgota steht und dieses im Sinne des Okkultismus erläutern wollen, so müssen wir an den Augenblick der Kreuzigung denken, an den Augenblick, als das Blut des Erlösers aus den Wunden rann. Wir erinnern uns dabei an etwas, was wir schon öfter gesagt haben: Für den Kenner der geistigen Welt ist alles, was materiell ist, was stofflich-physisch ist, der äußere Ausdruck, die Offenbarung eines Geistigen.

Stellen wir uns vor die Seele das physische Ereignis, das auf Golgota geschah. Wir schauen hin auf den Christus und sehen das Blut aus seinen Wunden fließen. Dieses Bild, dessen Inhalt ein physisches Ereignis ist, was drückt es geistig aus? Für den, der das Johannes-Evangelium richtig versteht, ist es nicht nur ein physischer Vorgang, sondern die

Offenbarung eines geistigen Vorgangs in der physischen Welt, der von mächtigster Bedeutung ist, der im Mittelpunkt alles Erdgeschehens steht.

Wer im Sinne der heutigen materialistischen Weltanschauung diese Worte hört, der wird sich nicht viel darunter vorstellen können. Er wird nicht denken können, dass damals, bei dem Ereignis auf Golgota, etwas geschehen ist, was sich von einem anderen physischen Ereignis unterscheidet. Er sieht nichts weiter als eine Kreuzigung, bei der aus den Wunden einer Persönlichkeit Blut fließt. Für den aber, der in den Geist des Johannes-Evangeliums eindringt, verhält sich die Sache so, dass ein gewaltiger Unterschied ist zwischen allen Erdvorgängen, die vor diesem Ereignis von Golgota eingetreten sind, und denen, die nach ihm kommen.

Wenn wir uns die Einzelheiten, die da geschehen sind, vor die Seele malen wollen, so müssen wir sagen: Nicht nur der Mensch oder irgendein anderes Wesen, sondern auch ein Weltkörper hat einen physischen, einen ätherischen und einen Astralleib, wie wir es oft geschildert haben. Dieser ist nicht nur physische Materie, wie es dem Astronomen oder dem physischen Beschauer (Betrachter) erscheint. Auch ein Weltkörper hat einen Ätherleib und einen Astralleib. Hätte unsere Erde nicht einen zu ihr gehörenden Ätherleib, dann könnte sie keine Pflanzen beherbergen; hätte sie nicht einen zu ihr gehörenden Astralleib, dann könnte sie keine Tiere beherbergen.

Wenn wir uns den Ätherleib der Erde vorstellen wollen, so müssen wir uns im Mittelpunkt der Erde denken. Diese ist – wie unser physischer Leib – ganz von ihrem Äther- und

Astralleib durchdrungen. Der physische Menschenleib mit seinem dazu gehörenden Ätherleib ist im Ätherleib der Erde eingebettet. Diese beiden sind wiederum im Astralleib der Erde eingebettet.

Jemand, der hellsehend die Erde im Laufe ihrer Entwicklung lange Zeiträume hindurch beobachtet hätte, der hätte im Verlauf dieser Zeiträume gesehen, dass der Astralleib und der Ätherleib der Erde nicht immer dieselben bleiben, dass sie sich ändern. Um uns die Sache recht bildlich vorzustellen, wollen wir uns außerhalb der Erde hinausversetzen und denken, wir sehen hellsehend von einem anderen Stern auf unsere Erde herab. Da würden wir nicht nur sehen, dass ein physischer Planet im Raum schwebt, sondern wir würden ihn von einer Lichtaura umgeben sehen, weil wir da den Ätherleib und den Astralleib der Erde sehen könnten.

Wenn wir lange genug dort hellsehend weilen würden, sodass wir erst die vorchristliche Zeit, dann die Zeit des Ereignisses von Golgota und dann die nachchristliche Zeit verfolgen, hätten wir den folgenden Anblick: Die Aura der Erde – der Ätherleib und der Astralleib der Erde – bietet vor dem Ereignis von Golgota einen gewissen Anblick von Farben und Formen. Dann würden wir sehen, wie zu diesem Zeitpunkt die Aura der Erde mit einem Ruck ihre Farben und Formen ändert. Das ist zu demselben Zeitpunkt, wo auf Golgota das Blut fließt aus den Wunden des Erlösers, des Christus.

Alle geistigen Verhältnisse der Erde ändern sich in diesem Augenblick. Wir haben gesehen, dass derjenige, den wir den Logos nennen, die «Fülle» aller Elohim ist, die mit der Sonne vereinigt sind. Diese beschenken die Erde fortwährend mit ihren Gaben, die sich im äußeren Sonnenlicht herabsenken. Das äußere Licht der Sonne würde uns als der äußere physische Leib für die Seele und den Geist der Elohim oder des Logos erscheinen.

In dem Moment, wo das Ereignis von Golgota geschah, hat die Kraft, der Impuls, der früher im Licht nur von der Sonne der Erde zuströmte, angefangen, sich mit der Erde zu vereinigen. Und dadurch, dass der Logos angefangen hat, sich mit der Erde zu vereinigen, ist die Aura der Erde eine andere geworden.

Wir wollen dieses Ereignis noch von einem anderen Standpunkt aus betrachten. Wir haben von den verschiedensten Standpunkten aus auf das Werden von Erde und Mensch zurückgeblickt. Wir wissen, dass es drei Verkörperungen gibt, die unserer Erde vorangehen. Die vorhergehende Verkörperung unserer Erde war der alte Mond. Wie der Mensch in einer Inkarnation sein Lebensziel erreicht, so ist es auch mit einem Planeten. Hat er ein gewisses Entwicklungsziel erreicht, dann geht er in ein anderes, unsichtbares Dasein, in ein «Pralaya» über. Das bedeutet für einen Weltkörper dasselbe, wie für einen Menschen nach einer Verkörperung der Zwischenzustand in den geistigen Welten, bis er wieder zu einer neuen Verkörperung herabsteigt.

Es liegt ein Zwischenzustand auch zwischen der ehemaligen Verkörperung unserer Erde, wo sie der alte Mond war, und ihrem Erddasein. Aus einem geistig in sich belebten Dasein, das aber äußerlich unsichtbar war, glänzt die Erde in den ersten Zuständen auf, aus denen dann der Mensch geworden ist, wie wir das gestern beschrieben haben. Damals, als unsere Erde in diesen alten Zeiten aufglänzte, war sie noch mit all dem verbunden, was zu unserem Sonnensystem gehört. Da war sie noch so groß, dass sie bis zu den fernsten Planeten hinausreichte. Alles war noch eins, die Planeten waren noch nicht abgezweigt. Die Erde war noch mit dem heutigen Mond und mit der Sonne vereinigt. Alles war nur ein Körper.

Dann trennten sich die drei Weltkörper. Der Mensch hatte damals noch keinen physischen Leib. Mit seinem Astralleib und seinem Ich schwebte er in einem wasserdunstartigen Gebilde. Damals, als Sonne, Mond und Erde zusammen waren, waren auch die Kräfte der drei Körper verbunden. Dann trennte sich die Sonne aus der Erde heraus, doch nicht nur die physische Sonne, sondern mit ihr hohe geistige Wesen. An der Spitze der Bewohner der Sonne stehen die Elohim, die Lichtgeister. Zurück blieb das, was Mond und Erde ausmacht. Erst in der lemurischen Zeit trennte sich der Mond von der Erde und es entstand die Beziehung zwischen Sonne, Mond und Erde, wie sie heute besteht.

Diese Beziehung musste entstehen: Die Elohim mussten von außen auf die Erde wirken. Einer von ihnen – Jahve oder Jehova – musste sich zum Herrn des Mondes machen und von da aus das Licht der anderen Elohim zurückstrahlen. Wir leben heute auf unserer Erde so, dass wir wie auf einer Insel im Weltraum wohnen, die sich aus Sonne und Mond herausgegliedert hat. Die Zeit wird kommen, wo sich die Erde wieder mit Sonne und Mond vereinigt und mit ihnen einen Körper bilden wird. Da wird der Mensch so weit vergeistigt sein, dass seine stärkeren Kräfte die Sonne vertragen und in sich aufnehmen können. Die Menschen und die Elohim werden dann auf *einem* Schauplatz wohnen.

Wodurch wird das sein können? Welche Kraft wird Erde und Sonne einstmals zusammenbringen?

Wäre das Ereignis von Golgota nicht gewesen, könnte niemals das Ereignis eintreten, dass Erde und Sonne sich wieder vereinigen. Dass die Kraft des Logos sich mit der Erde verbunden hat, das gibt den Impuls, der Logoskraft zu Logoskraft treibt und die beiden zusammenbringt. Die Erde wird die Kraft in sich haben, die sie wieder mit der Sonne zusammenführt. Deshalb sagen wir: In das geistige Dasein der Erde ist das aufgenommen worden, was ihr vorher von außen zuströmte. Durch das Ereignis von Golgota hat sie diesen Impuls erhalten.

Was lebte vorher außerhalb der Erde und was lebt seither in der Erde selbst? Der Logos, der der Geist der Erde wird. So wahr in unserem Leib unser Seelisch-Geistiges lebt, so wahr lebt im Leib der Erde, der aus Steinen, Pflanzen und Tieren besteht und auf dem wir Menschen wandern, ein Seelisch-Geistiges. Wie unser Körper eine Seele und einen Geist beherbergt, so ist die Erde der Körper für ein Seelisch-Geistiges – und dieser Erdgeist ist der Christus. Der Christus ist der Geist der Erde.

Wenn er auch heute noch nicht völlig mit der Erde vereinigt ist – die Kraft, wodurch er sich immer mehr mit der Erde vereinigen wird, ist in der Erde drinnen. Der Christus ist der Geist der Erde: Wenn er zu denen spricht, die seine intimsten Schüler sind, und wenn er zu ihnen bei einer

Gelegenheit spricht, die zu den intimsten gehört, welches Geheimnis wird er ihnen anvertrauen? Er wird ihnen sagen:

> Wenn ihr von eurem Leib auf eure Seele blickt, ist es so, wie wenn ich, der ich hier im Fleisch vor euch stehe, auf die ganze Erde blicke. Sie ist mein Leib, und sie wird immer mehr mein Leib, je mehr mein Geist sie durchdringt. Wenn ihr die Halme des Feldes schneidet – das Brot, das ihr daraus bereitet, was ist es in Wirklichkeit? Das Brot, das aus den Ähren des Feldes gewonnen wird, mein Leib ist es. Meinen Leib esst ihr. Und wenn ihr die Säfte trinkt, die durch die Pflanzen rinnen, und die dasselbe sind, was für euren Leib das Blut ist, wenn ihr den Wein trinkt, der das Blut der Erde ist, was trinkt ihr da? Das ist mein Blut.

Das sagt der Christus zu seinen intimsten Jüngern – wörtlich, ganz wörtlich müssen wir das nehmen –, wo er sie zusammenruft und ihnen die christliche Einweihung symbolisch darlegt.

Da spricht er ein merkwürdiges Wort, als er ankündigt, dass einer von ihnen ihn verraten wird. Er sagt (in Kapitel 13, Vers 18): «Der mein Brot isst, der tritt mich mit Füßen». Auch dieses Wort müssen wir buchstäblich, wörtlich nehmen. Der Mensch isst das Brot der Erde und wandelt auf der Erde mit seinen Füßen. Ist die Erde der Leib des Erdgeistes, des Christus, dann ist der Mensch derjenige, der mit den Füßen auf dem Leib des Christus wandelt, der mit seinen Füßen den Leib von dem tritt, dessen Brot er isst.

Das ist die gewaltige Vertiefung der Abendmahlsidee im Sinne des Johannes-Evangeliums. Der Christus weist auf das Brot und auf den Wein hin und sagt: Dies ist mein Leib, dies ist mein Blut. Wie das Muskelfleisch des Menschen zu seinem Leib gehört, so gehört das Brot zur Erde als zum Leib des Christus. Und der Saft, der durch die Weinrebe fließt, ist gleich dem Blut im Leib der Erde. Der Christus weist darauf hin und sagt: Wie euer Leib vom Blutsaft durchflossen ist, so ist der Wein mein Blut. Das trinkt ihr.

Nur wer solche Dinge nicht versteht, kann glauben, dass durch eine solche Erklärung das Abendmahl von seiner Heiligkeit etwas verliert. Wer sie aber versteht, der wird sagen: Nichts verliert es von seiner Heiligkeit, sondern der ganze Erdplanet wird durch eine solche Idee geheiligt. Welche gewaltigen Empfindungen können durch unsere Seele ziehen, wenn wir im Abendmahl das größte und tiefste Mysterium der Erde erblicken – die Verbindung des Erdgeistes, des Christus, mit der Entwicklung der Erde.

Wenn wir empfinden, dass das Ereignis von Golgota, das Fließen des Blutes aus den Wunden, nicht bloß eine menschliche, sondern eine kosmische Bedeutung hat, dass der Christus der Erde die Kraft gibt, ihre Entwicklung weiterzubringen, dann haben wir es im Sinne des Schreibers des Johannes-Evangeliums verstanden. Der Mensch soll sich nicht nur mit dem physischen Leib der Erde verbunden fühlen, sondern auch mit dem Geist der Erde, der der Christus selbst ist, der unsere Erde als seinen Leib durchflutet.

Wenn wir das so empfinden, dann können wir sagen: Was leuchtete dem Schreiber des Johannes-Evangeliums in dem Moment auf, wo er das tiefste Geheimnis schauen konnte? Was sah er, als sich die Kräfte, die im Christus sind, mit der Erde vereinigten? Er sah die Zeit kommen, wo diese Kräfte innerhalb der Menschheit wirken werden, wenn sie sie nur aufnimmt. Wir müssen, um das klar durchschauen zu können, uns noch einmal vor die Seele stellen, wie die Entwicklung der Menschheit geschieht.

Der Mensch besteht aus vier Gliedern, deren höchstes das Ich ist. Seine Entwicklung geschieht so, dass er von seinem Ich aus an den anderen drei Gliedern arbeitet, sie durchläutert und durchkraftet.

Das Ich ist dazu bestimmt, den Astralleib nach und nach zu reinigen und auf eine höhere Stufe zu heben. Wenn der Astralleib ganz geläutert, ganz mit der Kraft des Ich durchkraftet sein wird, dann ist er «Geistselbst» (Manas) geworden. Wenn der Ätherleib ganz mit der Kraft des Ich durchkraftet sein wird, dann wird er «Lebensgeist» (Budhi) geworden sein. Und wenn der physische Leib durch das Ich ganz umgewandelt sein wird, dann wird der Mensch das Ziel erreicht haben, das ihm vorschwebt, aber noch in ferner Zukunft liegt. Wenn der physische Leib ganz besiegt, ganz überwunden sein wird, dann wird er «Geistesmensch» (Atma) geworden sein.

Nur dann, wenn das Ich schon ganz bewusst an diesen drei Gliedern arbeitet, ist das Entwicklungsziel erreicht. Bei dem heutigen Menschen ist das zum größten Teil noch nicht der Fall. Vollbewusst beginnen heute wenige Menschen erst das Geistselbst in den Astralleib hineinzuarbeiten. Aber unbewusst, mit der Hilfe höherer Wesen, hat der Mensch schon während der bisherigen Entwicklung seine drei niederen Glieder bearbeitet. In alten Zeiten hat er unbewusst seinen Astralleib bearbeitet, und dieser ist dadurch mit der «Empfindungsseele» durchsetzt worden; das Ich hat unbewusst in den Ätherleib hineingearbeitet, und dadurch ist das entstanden, was in meiner *Theosophie* als «Verstandesseele» geschildert wird; und das, was das Ich unbewusst in den physischen Leib hineingearbeitet hat, finden wir dort die «Bewusstseinsseele» genannt.

Diese ist gegen das Ende der atlantischen Zeit entstanden, als zu einem bestimmten Zeitpunkt der Ätherleib in den physischen Leib hineinzog und der Mensch lernte, sein Ich auszusprechen. So lebte sich der Mensch nach und nach in die nachatlantische Zeit bis zu unserer Zeit herüber. Diese ist dazu berufen, dass das Geistselbst nach und nach in das eingearbeitet wird, was wir früher schon unbewusst in uns aufgenommen haben. Der Mensch muss durch die Kräfte, die ihm diese ausgearbeiteten Glieder geben, dazu gelangen, das Geistselbst auszubilden. Aber er sucht auch schon die Anlage zum Lebensgeist auszubilden, auch wenn diese zunächst noch spärlich ist.

Damit ist unserer nachatlantischen Zeit eine große Aufgabe gestellt – die Aufgabe, dass der Mensch *bewusst* die drei höheren Glieder seiner Wesenheit entwickelt. Wenn auch das letzte Ziel erst in ferner Zukunft erreicht werden wird, muss der Mensch schon jetzt nach und nach die Kräfte in sich finden, im niederen Menschen den höheren Menschen zu entwickeln.

Was ist heute im Menschen dadurch, dass er noch nicht die höheren Glieder entwickelt hat, und was wird im Zukunftsmenschen im Unterschied zu heute sein? Wenn einstmals die volle Höhe der Menschheitsentwicklung erreicht sein wird, dann wird der ganze Astralleib geläutert und zum Geistselbst geworden sein, der Ätherleib geläutert, sodass er ebenso Ätherleib wie Lebensgeist sein wird, der physische Leib geläutert, sodass er ebenso Geistesmensch wie physischer Leib sein wird. Die drei Glieder des Menschen werden, statt leiblich-physisch, ganz vergeistigt sein.

Das Gröbste, das Sinnlich-Physische, wird einst das Feinste werden, wenn es Geistesmensch, das heißt ganz vergeistigt sein wird. Der Sieg über das Niederste, über den physischen Leib, wird einst die höchste Vergeistigung sein. Wenn der Mensch den Leib völlig besiegt haben wird, sodass nichts mehr in ihm physisch ist, dann ist das die volle Vergeistigung. Das alles lebt heute im Menschen nur der Anlage nach, es soll aber im Menschen Leben werden. Da muss er auf den Christus-Impuls hinblicken, sich durch ihn durchkraften lassen. Er zieht in den Menschen die Kräfte herein, sodass er diese Umwandlung vollziehen kann.

Was folgt für den heutigen Menschen daraus? Der Okkultismus sagt: Weil der Astralleib noch nicht vom Ich geläutert ist, noch nicht zum Geistselbst geworden ist, sind Egoismus und Selbstsucht möglich; weil der Ätherleib noch nicht vom Ich durchglüht ist, sind Irrtum und Lüge möglich; weil der physische Leib noch nicht vom Ich durchkraftet ist, sind Krankheit und Tod möglich. Im vollentwickelten Geistselbst wird es keinen Egoismus und keine Selbstsucht geben; im vollentwickelten Lebensgeist wird es keinen Irrtum und keine Lüge geben; im vollentwickelten Geistesmenschen wird es nicht Krankheit und Tod geben. Lediglich Heil und Gesundheit wird im Geistesmenschen sein.

Was heißt es, dass der Mensch die Kräfte entwickelt, die ihn zu seinem Ziel führen? Was heißt es, dass er lernt, die Kräfte verstehen, die im Christus sind? Das heißt: Er lernt die Kräfte verstehen und nimmt sie in sich auf, die ihn dazu bringen, auch des physischen Leibes Herr zu werden.

Stellen wir uns vor, ein Mensch könnte vollständig den Christus-Impuls aufnehmen. Stellen wir uns vor, der Christus selbst steht einem Menschen gegenüber und sein Impuls geht unmittelbar auf ihn über. Wenn dieser Mensch blind ist, was würde geschehen? Er würde durch den unmittelbaren Einfluss des Christus-Impulses sehend werden, weil auf ihn die Kraft des vollentwickelten Geistesmenschen übergehen würde, der in sich das trägt, was das letzte Ziel ist: die Besiegung von Krankheit und Tod.

Wenn der Schreiber des Johannes-Evangeliums von der Heilung des Blindgeborenen (Kap. 9) spricht, dann redet er aus solchen tiefen Mysterien heraus. Er zeigt an einem einzelnen Beispiel, dass die Christus-Kraft eine gesundende Kraft ist, wenn sie in ihrer ganzen Stärke auftritt. Und wo ist diese Kraft? Sie ist in der Erde, auf die wir treten. Unsere Erde ist mit der Kraft des Christus, mit der Wesenheit des Logos durchsetzt.

Wir sehen, wie sachverständig der Schreiber des Johannes-Evangeliums erzählt, wenn er sagt: Der Christus nimmt Erde, speichelt sie ein und legt sie dem Blinden auf. Den mit seinem Geist durchdrungenen Leib legt er dem Blinden auf. Damit zeigt der Schreiber des Johannes-Evangeliums, dass er ein Geheimnis auf diesem Gebiet sehr genau kennt.

Wir müssen alle Vorurteile außer Acht lassen, wenn wir von diesem Zeichen des Christus sprechen, damit wir die Natur einer solchen Sache kennenlernen. Wir dürfen von so etwas sprechen und wir können zeigen, dass es große Geheimnisse gibt, die heute dem Menschen noch nicht anstehen. In den Leibern, die es in der heutigen Zeit gibt, können wir solche Mysterien einsehen, aber nicht in Leben umsetzen. Wir können sie nur im Geistigen erleben.

Alles Leben besteht aus entgegengesetzten Extremen. Leben und Tod sind solche entgegengesetzten Extreme. Für das Bewusstsein und die Gesinnung des Okkultisten ergibt sich etwas Eigenartiges, wenn er einen Leichnam und einen lebenden Menschen sieht. Beim lebenden und wachenden Menschen weiß er: In seinem Leib wohnen Seele und Geist, die aus dem Bewusstsein der geistigen Welt ausgeschaltet sind; er ist sich nur nicht der geistigen Welt bewusst. Wenn er auf den Leichnam schaut, dann fühlt er: Seele und Geist, die in diesem Leib gewohnt haben, sind auf dem Weg, in die geistige Welt hinaufzugehen. So wird ihm der Leichnam zum Sinnbild dessen, was in der geistigen Welt geschieht.

In der physischen Welt sind Abbilder dessen, was im Geistigen geschieht. Wenn der Mensch die himmlische Welt verlässt und aus den geistigen Gebieten wieder zur Geburt herabsteigt, dann muss ihm ein Leib auferbaut werden. Die Materie muss zusammenschießen, sie muss sich zusammensetzen, damit dem Menschen ein physischer Leib gebaut wird. Dem Hellseher stellt sich dieses Zusammenschießen von Materie so dar, dass er sagt: Dort in der geistigen Welt stirbt ein Bewusstsein ab, hier in der physischen Welt lebt ein Bewusstsein auf.

Im Zusammenschießen von Materie zum physischen Leib sehen wir ein geistiges Bewusstsein ersterben. Im Verwesen oder Verbrennen eines Leichnams, wo sich die Teile auflösen, aus denen er besteht, zeigt sich das Entgegengesetzte: das Entstehen eines geistigen Bewusstseins. Physische Auflösung ist geistige Geburt. Deshalb sind alle Auflösungsprozesse für den Okkultisten etwas ganz anderes. Ein Kirchhof bietet, geistig gesehen, einen ganz merkwürdigen Prozess dar. Ein fortwährendes Aufleuchten und Aufglänzen von geistigen Geburten geht da vor sich.

Nehmen wir an, ein Mensch gibt sich eine gewisse Schulung und trainiert seinen physischen Leib damit, dass er eine vorgeschriebene Zeit Verwesungsluft atmet mit dem Bewusstsein, geistige Prozesse in sich aufzunehmen – ich warne aber davor, dieses zu tun, denn für den heutigen Körper ist das nicht geeignet; es könnte dem Menschen unermesslichen Schaden zufügen. Wenn ein Mensch diese Trainierung genau in der vorgeschriebenen Weise und in der vorgeschriebenen Zeit durchführt, dann kann er in einer anderen Inkarnation mit einer Kraft verkörpert werden, die belebend wirkt und gesundende Impulse gibt. Totenluft einatmen, sie konsumieren, das gibt eine Kraft, die im nächsten Leben gesundend wirkt.

Das ist dieselbe Kraft, die der Christus in die Erde hineintut, wenn er sie mit seinem Speichel durchtränkt, und die er dem Blinden in die Augen reibt. Das ist die Schulung zum Mysterium der Heilkraft: Ein Wesen, das den Tod isst oder atmet, erhält die Kraft, gesund zu machen. Das ist das Geheimnis, das das Johannes-Evangelium andeutet. Als ein solches Zeichen müssen wir die Heilung des Blindgeborenen sehen.

Mögen die Leute, anstatt immer zu deklamieren, dass man die Zeichen und Wunder des Christus so und so nehmen soll, durch den Okkultismus einsehen, dass es so etwas wie die Heilung des Blindgeborenen wirklich geben kann. Durch eine solche Einsicht könnten sie Achtung vor einer solchen Persönlichkeit gewinnen, wie es der Schreiber des Johannes-Evangeliums ist. Er konnte solche Dinge verstehen, er konnte von ihnen erzählen, denn er war eine Persönlichkeit, die in den Mysterien des geistigen Lebens eingeweiht war. Wir müssen im Sinne behalten, dass wir uns in einer theosophischen Loge (theos. Zweig) befinden, wenn wir ein solches Mysterium wie die Einspeichelung der Erde zum Heilmittel besprechen. In die äußere Welt darf so etwas noch nicht hinausgebracht werden.

Die Einspeichelung der Erde hat eine buchstäbliche Bedeutung. Wir wachsen innig mit der Erde zusammen dadurch, dass wir so etwas wissen. Durch die Idee, dass der Christus der Geist der Erde und die Erde sein Leib ist, sehen wir ihn die Erde durchgeistigen. Wir sehen, wie er ein Stück von sich selbst hingibt, um das auszuführen, um was es sich handelt. Nehmen wir dazu, dass der Christus sagt: Das tiefste Geheimnis meines Wesens ist das «Ich bin». Die Gewalt dessen, was in die Menschen einfließen muss, ist in der Erde drinnen. Nehmen wir es ganz ernst, dass der Christus der wahre Besitzer des «Ich bin» ist und dass er es für jeden Menschen vermitteln will. Er will den Gott in jedem Menschen wecken. Er will im Menschen den Herrn und König seiner selbst entzünden. Worin zeigt sich das?

In nichts Geringerem, als dass der Christus im eminentesten Sinne das Karmagesetz, die Karmaidee zum Ausdruck bringt. Wenn man sie vollständig verstehen will, kann man es nur im christlichen Sinne tun. Man wird sie in vollsten Einklang mit dem echten Christentum bringen. Was setzt die Karmaidee voraus? Sie setzt voraus, dass kein Mensch sich zum Richter über das Innere eines anderen Menschen aufwerfen darf. Wer die Karmaidee noch nicht in diesem Sinne erfasst hat, der hat sie überhaupt nicht erfasst. Wer seinen Mitmenschen richtet, der stellt den anderen Menschen unter den Zwang des eigenen Ich. Wer aber im Sinne des Christus handelt, der sagt: Ich richte dich nicht – denn ich weiß, was auch immer du getan haben magst, wird das Karma der große Ausgleicher sein; ich habe kein Recht, dich zu richten!

Nehmen wir an, man würde einen Sünder vor jemanden bringen, der die Christus-Idee in Wahrheit versteht. Diejenigen, die Christen sein wollen, würden diesen Menschen einer schweren Sünde anklagen. Was würde der wahre Christ sagen? Wie würde er sich benehmen? Er würde sagen:

> Was ihr auch gegen diesen Menschen vorbringt – ob er es getan hat oder nicht –, es muss das «Ich bin» in diesem Menschen geachtet werden.

> Überlassen wir ihn dem Karma, dem großen Gesetz des «Ich bin». Dem Gesetz des Gottes, den er selbst in sich trägt, dem Christus-Geist, soll er überlassen bleiben. Karma vollzieht sich im Laufe der Erdentwicklung. Ihm kann man es überlassen, was er als «Strafe» über den Sünder verhängt. Kümmert ihr euch nicht um die Sünden anderer.

Dann würde er sich zur Erde wenden und sagen:

> Der Erde obliegt es in ihrer Entwicklung, das zum Ausdruck zu bringen, was in sie hineingelegt ist – die Taten der Menschenkinder, die auf ihr wandeln. Das Karma, das sich vollziehen muss, wird die Strafe für den Sünder bringen. Schreiben wir seine Sünden in die Erde ein, in die sie als Karma eingeschrieben werden.

Lesen wir jetzt im 8. Kapitel des Johannes-Evangeliums:

> «Aber die Schriftgelehrten und Pharisäer brachten eine Frau, beim Ehebruch ergriffen, und stellten sie in die Mitte und sprachen zu ihm: Meister, diese Frau ist auf frischer Tat beim Ehebruch ergriffen worden. Mose aber hat uns im Gesetz geboten, solche Frauen zu steinigen. Was sagst du? Das sagten sie aber, ihn zu versuchen, damit sie ihn verklagen könnten. Aber Jesus bückte sich und schrieb mit dem Finger auf die Erde. Als sie nun fortfuhren, ihn zu fragen, richtete er sich auf und sprach zu ihnen: Wer unter euch ohne Sünde ist, der werfe den ersten Stein auf sie.» (8, 3-7).

Da sehen wir klar und deutlich, wie der Christus sie alle von dem äußeren Richten auf die inneren Kräfte hinweist, die in der Erde selbst sind. Er sagt den Pharisäern, alles dem Karma zu überlassen, nicht an die Strafe der Sünderin zu denken, die im Karma sich erfüllt. Und ihr, der Sünderin, sagt er: Sündige hinfort nicht mehr. Das heißt, siehe zu, dass dein Karma nicht noch mehr beschwert wird, denn du musst es selbst abbüßen.

Da sehen wir, wie mit der Idee des Christus – mit der Idee, dass er der Geist der Erde ist –, wie mit seinem innersten Wesen die Karmaidee zusammenhängt. Und wir spüren, wenn wir uns in die Tiefen dieses Gedankens hineinversenken, dass der Christus selbst uns sagt: Habt ihr mein Wesen begriffen, so habt ihr auch das «Ich bin» begriffen, dessen Wesen ich ausdrücke. Und ihr habt verstanden, dass das «Ich bin» es ist, das den Ausgleich herbeiführt. Die Selbstständigkeit, die innere Geschlossenheit des tiefsten Wesens des Menschen – das «Ich bin» –, das ist es, was als Impuls des Christus dem Menschen gegeben wird.

Die Menschen sind noch nicht so weit, dieses wahre Christentum zu verstehen. Aber sie werden, wenn sie es verstehen lernen, wenn sie den Impuls des Christus in sich aufnehmen, wenn auch erst in ferner Zukunft das Ideal des Christentums erfüllen.

So sehen wir, wie durch den Jahve, der den Christus vorbereitet hat, nachdem der Mensch in der nachatlantischen Zeit das Selbstbewusstsein erhalten hat, in die Erde der erste Impuls zu ihrer höheren Entwicklung hineinfließt. Dann erscheint er selbst, der Christus, das Licht der Sonne, und gibt dem Menschen den Impuls, selbstbewusst den Christus in sich zu entwickeln.

Das ist die nächste Aufgabe des Menschen. Der Christus selbst wird unser Führer in dieser Entwicklung sein. Das Christus-Ich wird im Zusammenhang mit der Entwicklung der Menschen die Zukunft unserer Erde sein.

8ter Vortrag

/: Unterschied zwischen Mensch und Tier. Atlantische und Nachatlantische Kulturepochen :/

Physischer Leib		
Ätherleib	1. Unterrasse	
Astralleib	2. "	Geistselbst
Empfindungsseele	3. "	1. Tag
Verstandesseele	4. "	2. Tag
Bewusstseinsseele	5. "	3. Tag
Geistselbst	6. "	
Lebensgeist	7. "	Lebensgeist

Wir haben gesehen, dass man sich dem tiefen Sinn des Johannes-Evangeliums am besten dadurch nähert, dass man von verschiedenen Seiten den Zugang dazu zu gewinnen versucht, und wir haben von einer gewissen Seite her, schon auf eins der bedeutsamsten Geheimnisse des Johannes-Evangeliums hindeuten dürfen. Es wird nötig sein, damit wir nach und nach zum völligen Verständnis des gestern behandelten Mysteriums kommen, dass wir die Erscheinung des Christus in unserer nachatlantischen Zeit als solche

Achter Vortrag

Die Zeit nach der Sintflut

Der Niederstieg in die Welt der Materie

Hamburg, 27. Mai 1908

Meine lieben theosophischen Freunde!

Wir haben gesehen, dass wir uns dem tiefen Sinn des Johannes-Evangeliums dadurch am besten nähern, dass wir versuchen, von verschiedenen Seiten den Zugang dazu zu gewinnen.

Wir haben gestern auf eines der bedeutsamsten Geheimnisse des Johannes-Evangeliums hingedeutet. Damit wir nach und nach zum völligen Verständnis dieses Mysteriums kommen, wird es nötig sein, dass wir die Erscheinung des Christus in unserer nachatlantischen Zeit als solche betrachten. Wir haben das Christus-Prinzip verfolgt und wir wollen heute zu begreifen versuchen, warum der Christus gerade zu dem Zeitpunkt als Mensch aufgetreten ist, zu dem er auf der Erde gewandelt ist. Da werden wir an etwas anzuknüpfen haben, was wir in den letzten Tagen schon gehört haben.

Wir haben wiederholt erwähnt, dass unsere Vorfahren in einer weit zurückliegenden Zeit auf einem Erdgebiet drüben im Westen gewohnt haben, das heute vom Atlantischen Ozean eingenommen wird. Innerhalb der alten Atlantis haben unsere Vorfahren gelebt. Die äußere Körperlichkeit dieser Atlantier war anders als die des heutigen Menschen. Wir haben gesehen, dass das, was heute am Menschen wahrgenommen wird, der physische Leib, erst nach und nach zu der Dichte gekommen ist, die er heute hat. Erst im letzten Teil der atlantischen Zeit sah der Mensch seiner heutigen Gestalt ähnlich. Gegen das letzte Drittel der atlantischen Zeit war der Mensch wenig anders als heute.

Wir können uns begreiflich machen, welchen Fortschritt der Mensch gemacht hat, wenn wir den heutigen Menschen mit einem der höheren Tiere vergleichen. Uns muss klar geworden sein, wodurch sich der Mensch von einem höheren Tier unterscheidet. Beim Tier finden wir, dass in der physischen Welt die Wesenheit des Tieres aus physischem Leib, Ätherleib und Astralleib besteht. Wir dürfen nicht glauben, dass in der physischen Welt nur Physisches vorkommt. Wir können in der physischen Welt mit physischen Sinnen nur Physisches sehen, das ist aber nicht deshalb, weil in der physischen Welt nur Physisches vorhanden ist. Beim Tier ist der Äther- und Astralleib in der physischen Welt vorhanden, der hellseherisch begabte Mensch kann diesen Äther- und Astralleib des Tieres sehen.

Erst wenn wir zu dem Ich des Tieres kommen wollen, können wir nicht in der physischen Welt bleiben, da müssen wir in die astralische Welt aufsteigen. Da ist das Gruppen-Ich oder die Gruppenseele des Tieres. Der Unterschied besteht darin, dass beim Menschen das Ich hier unten in der physischen Welt ist. Dieser Unterschied drückt sich auch hellseherisch aus. Beobachtet ein Hellseher ein Pferd und einen Menschen, da findet er, dass beim Pferd oberhalb des zur Schnauze verlängerten Kopfes ein ätherischer Aufsatz ist. Der Ätherkopf des Pferdes ragt über den physischen Pferdekopf mächtig heraus, er ist mächtig organisiert. Der Ätherkopf und der physische Kopf des Pferdes decken sich nicht. Besonders grotesk sieht der Elefant aus, der hellseherisch betrachtet einen merkwürdig großen Ätherkopf hat, sodass er ein ganz groteskes Tier ist. Aber beim heutigen Menschen deckt sich der Ätherkopf mit dem physischen Kopf.

Das war nicht immer so. Wenn wir in die alte atlantische Zeit zurückgehen, so finden wir, dass es erst im letzten Drittel so geworden ist. Der ganz alte Atlantier hatte den Ätherkopf noch mächtig herausragen. Dann wuchsen der physische und der Ätherkopf immer mehr zusammen, und im letzten Drittel der atlantischen Zeit kamen sie zur Deckung. Im Inneren des Gehirns gibt es einen Punkt, der sich heute mit dem zu ihm gehörigen Ätherpunkt deckt. Die beiden Punkte waren in alter Zeit getrennt, der Ätherpunkt war außerhalb des Gehirns. Als diese beiden Punkte zusammenfielen, da lernte der Mensch erst «ich» zu sich sagen, da war die «Bewusstseinsseele» hervorgetreten.

Wir müssen auch die physischen Verhältnisse der alten Atlantis ins Auge fassen. Wenn wir durch die alte Atlantis gegangen wären, hätten wir nicht eine solche Verteilung von Regen und Nebel, von Luft und Sonnenschein erlebt, wie wir sie jetzt haben. Die nördlichen Gegenden, die heute westlich von Skandinavien liegen, waren damals von Nebel durchzogen. Die Menschen, die dort lebten, wo heute Irland ist, und weiter westlich, haben in der alten atlantischen Zeit niemals Regen und Sonnenschein verteilt gesehen wie wir heute. Sie waren immer in Nebel eingebettet. Erst mit der großen Flut kam auch die Zeit heran, wo die Nebelmassen sich aus der Luft herauslösten und sich niederschlugen.

Wir hätten die ganze atlantische Welt durchforschen können – eine Erscheinung hätten wir in diesem Gebiet nicht gefunden, die uns heute als eine wunderbare Naturerscheinung bekannt ist: den Regenbogen. Denn er ist nur bei der heutigen Verteilung von Regen und Sonnenschein möglich. Erst nach und nach trat diese Erscheinung ein, das heißt, sie wurde physikalisch möglich. Wenn wir dies aus der Geisteswissenschaft mitgeteilt erhalten und uns erinnern, dass in Sagen und Mythen der Völker die atlantische Flut als «Sintflut» erhalten ist, dass in der christlichen Tradition Noah nach der Sintflut hervortritt und als Erster den Regenbogen sieht, dann bekommen wir einen Begriff, wie tief wahr diese religiösen Urkunden sind. Erst nach der atlantischen Flut wurde Noah des Regenbogens ansichtig.

Indem sich alle Verhältnisse änderten, stellte sich heraus, dass die äußerlichen und innerlichen Verhältnisse für den Menschen auf einem gewissen Gebiet unserer Erde, das sich bei Irland befand, am günstigsten waren. Heute ist dieses Gebiet mit Wasser bedeckt. Da bildete sich das am hervorragendsten begabte Volk. Dieses hatte am meisten Veranlagung dazu, zum freien menschlichen Selbstbewusstsein aufzusteigen. Der Führer dieses Volkes war ein großer Eingeweihter. Dieser suchte sich die fortgeschrittensten Individuen aus und zog mit ihnen durch Europa nach Osten bis nach Asien hinüber, in die Gegend des heutigen Tibet.

Während der letzten atlantischen Zeit verschwanden die Gegenden von Atlantis. Europa trat in seiner heutigen Gestalt immer mehr hervor. Asien bildete sich so, dass Sibirien mit weiten Wassermassen bedeckt war. Die südlicheren Gegenden Asiens waren anders gestaltet. Die weniger fortgeschrittenen Völker gliederten sich an diesen Kern an, der nach Osten zog. Manche zogen weiter, manche weniger weit. Auch die europäische Bevölkerung kam dadurch zustande, dass Völkerschaften aus der Atlantis herüberzogen, sich dort niederließen und Europa bevölkerten. Schon früher herübergeschobene Völker, die aus anderen Gebieten der Atlantis und auch aus Teilen des alten Lemuriens nach Asien gekommen waren, trafen zusammen, sodass Völkermassen verschiedenster Begabung und geistiger Fähigkeit sich in Europa und Asien niederließen.

Und innerhalb derselben war von einer großen Individualität dieser kleine Bruchteil geführt, der notwendig war, um die höchste Geistigkeit in der Menschheit zu pflegen. Von da gingen die Kulturströmungen der nachatlantischen Zeit aus.

Diejenigen, die am frühesten ausgesandt wurden, gingen nach Indien. Es bildete sich durch den Einschlag, den die geistige Gesandtschaft der großen Individualität gab, die uralte indische Kultur heraus. Wir reden hier nicht von der indischen Kultur, die in den Veden geblieben und später auf die Nachwelt gekommen ist. Die viel ältere indische Kultur der Rishis – jener großen Lehrer, die der Menschheit die erste nachatlantische Kultur gegeben haben –, sie geht all dem voran, wovon wir durch äußerliche Kultur wissen können. Diese erste Kulturströmung war die eigentliche religiöse Kultur, die vorhergehenden waren keine religiösen Kulturen. Religion ist eine Eigentümlichkeit der nachatlantischen Zeit. Warum?

Dadurch, dass der Ätherkopf außerhalb des physischen Kopfes war, hatte der Mensch in der atlantischen Zeit noch nicht das alte dämmerhafte Hellsehen verloren. In weitem Umfang sah er des Nachts in die geistige Welt hinein. Während er bei Tag in seinen physischen Leib untertauchte und die physischen Dinge sah, sah er nachts die Gefilde der geistigen Welt. Die Gegenstände der physischen Welt waren während des Tages noch nicht so scharf umrissen. Es war so, wie wenn alles in Nebel gehüllt wäre, die Gegenstände waren von Farben umsäumt. Dafür war aber keine so strenge Trennung zwischen hellem Tagesbewusstsein und nächtlicher Bewusstlosigkeit. Während der Nacht schlüpfte der Astralleib aus dem physischen Leib heraus, aber dadurch, dass der Ätherleib mit dem physischen Leib verbunden blieb, gab er Reflexe dessen, was im Astralleib vorging. Der Mensch konnte dann im dämmerhaften Hellsehen die geistigen Welten wahrnehmen.

Über das, was wir in germanischen Mythen und Göttersagen lesen, sagen die Gelehrten vom grünen Tisch: Das haben die Leute aus der Volksfantasie heraus gedichtet; Wotan, Thor und all die Göttersagen sind Personifizierungen von Naturkräften! Es gibt ganze mythologische Theorien, wo von der schaffenden Volksfantasie die Rede ist. Diese Göttersagen sind aber Überbleibsel von hellseherisch gesehenen Wesen und Vorgängen. Einen Wotan hat es gegeben.

Und wie der Mensch in der alten atlantischen Zeit bei Tagesbewusstsein unter seinesgleichen wandelte, so wandelte er bei Nacht als Genosse von Thor und Wotan. Die kannte er ebenso gut, wie heute der Mensch seinesgleichen aus Fleisch und Blut kennt.

Die Menschen, die damals von Westen nach Osten nachgezogen sind in die Gegenden, die man später «Germanien» nannte, das waren Menschen, die sich ein gewisses Hellsehen bewahrt hatten, sodass sie wenigstens zu gewissen Zeiten in die geistige Welt hineinsehen konnten. Und als der höchste Eingeweihte mit seinen Schülern nach Tibet hinüberzog und die erste Kulturkolonie nach Indien hinunterschickte, sind bei all diesen Völkern Eingeweihte zurückgeblieben, die in den Mysterien das Geistige pflegten.

Aber das Wichtigste ist, dass damals die Lehren gelehrt worden sind, die wir heute Theosophie nennen. So sprach ein Eingeweihter in dem Gebiet des heutigen Skandinavien und des westrussischen Gebiets. Auch da gab es eine Anzahl Menschen, die von den geistigen Welten wussten. Wenn man zu ihnen von einem Ereignis sprach, das sich zwischen Baldur und Hödur abgespielt hatte, sprach man von etwas, was ihnen bekannt war. Und die, die es nicht erlebt hatten, hörten es von ihrem Nachbarn. So gab es noch eine lebendige Erinnerung an das, was in der atlantischen Zeit vorhanden war.

Und was war da vorhanden? Etwas, was wir ein naturgemäßes Zusammenleben des Menschen mit der geistigen Welt, mit dem «Himmel», nennen können. Der Mensch drang fortwährend in den Himmel ein und lebte darin. Er brauchte nicht die Religion. «Religion» heißt: Verbindung – Verbindung der physischen mit der geistigen Welt. Damals brauchte der Mensch keine Verbindung. Wie kein Mensch uns das Wesen der Blumen beizubringen braucht, weil wir die Blumen sehen, so brauchte der Atlantier auch keine Religion, weil er die geistige Welt erlebte.

Mit der fortschreitenden Zeit gestaltete sich die Sache so, dass der Mensch in der nachatlantischen Zeit das Tagesbewusstsein erlangte. Er erlangte es dadurch, dass er das alte hellseherische Bewusstsein hingeben musste. Das wird ihm aber in Zukunft wieder zu seinem heutigen Tagesbewusstsein hinzugegeben werden.

Hier in Europa war es so, dass in Sagen und Mythen vielfach Erinnerungsbilder an die alte Zeit gegeben wurden. Was war aber das Wesen der Fortgeschrittensten, die nach Osten bis Tibet geführt wurden? Worin waren sie am fortgeschrittensten? Darin, dass sie das träumerische Hellseherbewusstsein verloren hatten. Denn was heißt Fortschritt in der nachatlantischen Zeit? Es heißt, tagsichtig zu werden, das alte Hellsehen zu verlieren. Weggeführt hat der große Eingeweihte die Fortgeschrittensten, damit sie nicht unter denen leben mussten, die durch ihre Zurückgebliebenheit auf dem Standpunkt der alten atlantischen Bevölkerung standen. Unter ihnen konnten nur diejenigen in die geistige Welt hinaufgeführt werden, die sich trainierten, die eine okkulte Schulung durchmachten.

Was war den Menschen der ersten nachatlantischen Zeit von dem alten Zusammenleben mit der geistig-göttlichen Welt geblieben? Die Sehnsucht danach! Das Tor zu den geistigen Welten hatte sich zugeschlossen. Der Mensch hörte aus den Sagen und Traditionen heraus, dass es eine Zeit gab, wo die Vorfahren in die geistige Welt hineinschauten. Oh, könnten wir auch dahinein!, sagte er sich. Und aus dieser Sehnsucht heraus wurde die alte indische Methode der Einweihung geschaffen, die aus der Sehnsucht nach dem Verlorenen hervorgegangen ist. Sie beruht darauf, dass der Mensch das errungene Tagesbewusstsein für eine Weile verlässt, um sich zum früheren Zustand zurückzuschrauben.

Yoga ist die Methode der alten indischen Einweihung, die dadurch ihre Technik erlangte, dass künstlich das hergestellt wurde, was dem Menschen auf dem natürlichen Weg abhandengekommen war. Denken wir zurück an den alten Atlantier, der den Ätherkopf herausstehen hatte. Da war der Ätherkopf noch mit dem Astralleib verbunden, und da konnte sich das, was der Astralleib erlebte, in den Ätherleib abdrücken. Als aber in der letzten atlantischen Zeit sich der Ätherleib ganz in den physischen Leib zurückzog, war jede Nacht der Astralleib draußen und der Ätherleib blieb im physischen Leib.

Was musste also in der alten Einweihung vor sich gehen? Man musste das einführen, was wir schon gesagt haben: Man musste den Ätherleib künstlich herausholen, das heißt, man musste den Menschen in eine Art Todesschlaf bringen, der dreieinhalb Tage dauerte, und in dem der Ätherleib aus dem physischen Leib herausragte, gelockert war, sodass dasjenige, was im Astralleib erlebt wurde, sich in den Ätherleib einprägte. Wenn der Mensch dann wiedererweckt wurde, wusste er, was er in den geistigen Welten erlebt hatte.

So war jene uralte Weisheit, die dem Menschen dadurch geworden ist, dass er mit den göttlich-geistigen Wesen zusammenlebte. Durch diese Methode wurde der Mensch in die alte Welt zurückversetzt.

Und welches war damals die Kulturstimmung? Es war die, dass der Mensch sich sagte: Wahrheit, Wirklichkeit ist in der geistigen Welt, in die der Mensch hineinkommt, wenn er sich der sinnlichen Welt entzieht; jetzt ist der Mensch aber in der sinnlichen Welt; das ist aber nicht die Wirklichkeit, das ist nur äußerer Schein; der Mensch hat die Wirklichkeit der alten Zeit verloren, er lebt jetzt in einer Scheinwelt, in einer Illusion, in einer Maja!

Und so wurde die Welt des Physischen für die indische Kultur zur Maja. Dem uralten Inder ist die Welt der Maja wertlos, weil sie Illusion ist. Die wahre Welt ist für ihn dann vorhanden, wenn er sich aus dieser physischen Welt zurückzieht, wenn er durch Yoga wieder in der Welt leben darf, in der die Vorfahren der atlantischen Zeit gelebt hatten.

Der Sinn der Weiterentwicklung besteht aber darin, dass der Mensch sich allmählich daran gewöhnt, die physische Welt in ihrem Wert und in ihrer Bedeutung zu schätzen. Einen Schritt weiter als das alte Indien ist schon die zweite Kulturperiode, die wir nach ihren Völkern als die uralte persische Kultur bezeichnen. Sie unterscheidet sich von der alten indischen Kultur durch ihre Stimmung und ihren Gefühlsinhalt. Immer gefestigter wurde der Ätherleib und immer schwieriger wurde es, ihn herauszuholen. Dies wurde aber bis zu dem Christus-Ereignis hin bei den Eingeweihten vollzogen.

Eines hatten die Mitglieder der altpersischen Kultur aber erreicht: Sie hatten angefangen, die Maja oder Illusion zu schätzen. Der alte Inder fühlte sich wohl, wenn er dieser physischen Welt entfliehen konnte; dem uralten Perser war sie ein Arbeitsfeld geworden, auch wenn sie ihm immer noch als gegnerisch erschien.

Der Kampf zwischen Ormuzd und Ahriman, zwischen dem Guten und dem Bösen, wo sich der Mensch mit den guten Göttern verbindet, ist der Kampf gegen die in der Materie steckenden Mächte des Bösen. Dieser Kampf ist aus der Stimmung des alten Persers herausgebildet. Lieb war diese Wirklichkeit dem alten Perser noch nicht, aber er floh sie nicht mehr, wie der alte Inder es tat, sondern er bearbeitete sie. Er betrachtete sie als Schauplatz der Arbeit, wodurch sie zu überwinden ist.

Dann kam die dritte Kulturstufe, und wir kommen dem Geschichtlichen immer näher. Wir bezeichnen diese dritte Kulturepoche in der Theosophie als die assyrisch-babylonisch-ägyptische. Diese Kultur entspricht der dritten Kolonie. Die erste wurde nach Indien gesandt, die zweite hat die altpersische Kultur gegründet, und die dritte ging nach Westen und wurde als die ägyptisch-chaldäische Kultur gegründet. Mit dieser war der dritte wichtige Schritt in der Eroberung der physischen Welt gemacht. Innerhalb der persischen Kultur war die physische Welt noch als ungefüge Masse gedacht, jetzt war man familiärer, intimer mit ihr geworden.

Die alte chaldäische Astronomie, von der wir uns nur eine geringe Vorstellung machen können, gehört zu den großartigsten Errungenschaften des nachatlantischen Menschengeistes. Die Bahnen der Sterne werden da verfolgt, die Gesetze des Himmels durchforscht. Der alte Inder hatte noch aufgesehen und gesagt: Wie die Sterne auch gehen, welche Gesetze sie auch ausdrücken, es ist nicht der Mühe wert, das alles zu erforschen! Dem Angehörigen der dritten Kulturstufe waren sie so wichtig, dass er sie erforschte. Und es war ihm wichtig, dass er die Gesetze des physischen Erdbodens erforschte und die Geometrie ausbildete.

Maja wurde studiert, die äußere Wissenschaft entstand. Die Gedanken der Götter, wie sie sich innerhalb der Materie ausdrücken, wurden erforscht.

Wenn wir die früheren Kulturzustände des ägyptisch-chaldäischen Staatslebens erforschen würden, würden wir andere Begriffe bekommen als heute. Die Individualitäten, welche solche Staatswesen lenkten und leiteten, waren Weise, die die Gesetze der Sternenbahnen kannten und die sich klar waren, dass im Weltall alles sich gegenseitig entsprechen muss. Wenn oben am Himmel etwas Wichtiges geschieht, muss auch auf der Erde dem etwas entsprechen – und danach schufen sie die Gesetze. Selbst in der ältesten römischen Geschichte haben wir noch etwas Ähnliches. Da sagte man sich: Wir leben am Ausgangspunkt einer neuen Epoche. Es wird eine Zeit auf die andere folgen, mit mannigfaltigen Schicksalen.

[Ab hier hebt die Wandrey-Nachschrift wieder an.] Als die römische Geschichte begann, hatte man noch ein Bewusstsein davon, dass das, was am Himmel geschieht, auch ein Ereignis auf der Erde bedeutet. Es ist später geschehen, was man vorher in die Geschichte hineingezeichnet hatte.

Man hatte den lebendigen Ausgangspunkt einer neuen Epoche vorhergesehen. Es wurde zum Beispiel gesagt: Es wird eine Zeit folgen, wo die mannigfaltigsten Schicksale über diejenigen kommen werden, die sich in Albalonga niederlassen – und so weiter. Für den, der lesen kann, ist es klar, dass die Priesterweisen noch etwas anderes mit dem gemeint haben, was sich auf die «alba longa», das weiße, lange Priesterkleid, bezieht.

In dieser Weise wurden die zukünftigen Ereignisse der Geschichte abgesteckt. Die Geschichte wurde vorher von den Weisen, von den Eingeweihten gemacht. Man sagte zum Beispiel: Es muss sieben Epochen geben – und man schrieb diese sieben Epochen vor. Man könnte leicht zeigen, wie in die sieben Römischen Könige das hineingeheimnisst worden ist. Sie hatten auszuleben, was vorgeschrieben war, was in den Sibyllinischen Büchern geschrieben steht. Daher das Geheim- und Heilighalten dieser Bücher. Man hat darin Geschichte gemacht.

Unzählige Geheimnisse verbergen sich in dem Werdegang dieser drei Menschheitsepochen der nachatlantischen Zeit. Wir verstehen unsere Gegenwart nur dann, wenn wir jene Zeiten verstehen, weil eine wichtige Beziehung besteht gerade zwischen dieser dritten Epoche der nachatlantischen Zeit und unserer heutigen Zeit. Auf diese dritte Epoche wollen wir heute hinweisen, um zu zeigen, wie tief diese Epoche in der Menschheitsentwicklung mit der unsrigen zusammenhängt.

Der Egoismus hat heute, in unserer fünften Epoche, seinen Höhepunkt erreicht. Denn so egoistisch war die Kultur noch niemals, wie sie heute ist und noch immer mehr werden wird. Eine ungeheure Geisteskraft hat die Menschheit aufwenden müssen in den großen Erfindungen und Entdeckungen des 19. Jahrhunderts. Wie viel aufgewendete Geisteskraft liegt zum Beispiel im Telefon, im Telegraf, in den Eisenbahnen. Darin ist Geisteskraft kristallisiert, ebenso in allen Handelsbeziehungen der Erde. Welche Geisteskraft liegt im Geldverkehr mit Wechseln, wonach in ganz kurzer Zeit eine Summe von Geld, die hier bestimmt wird, in Tokio ausgezahlt werden kann.

Diese ungeheure Geisteskraft, wird sie im Dienst des Geistes verwendet? Man kann noch so viel deklamieren, wie die Menschheit es so herrlich weit gebracht hat mit all ihren Erfindungen und Fortschritten. Derjenige, der es vom geistigen Standpunkt aus betrachtet, sieht die Sache anders. Man hat es herrlich weit gebracht mit der Erfindung der Eisenbahnen und deren Ausgestaltung, aber man fährt mit der Eisenbahn, was der Magen braucht, um die allerpersönlichsten Bedürfnisse möglichst schnell und möglichst vollkommen zu befriedigen. Das ist der Zweck all der herrlichen Erfindungen, für die eine ungeheure Geisteskraft aufgewendet wird: die niedrigsten Bedürfnisse zu erfüllen. Eine ungeheure Geisteskraft wird aufgewendet, aber sie steht im Dienst der persönlichsten menschlichen Bedürfnisse.

Wir gehen einer Zeit entgegen, wo mit Überwindung der Materie, in der drahtlosen Telegrafie, es sich in erster Linie darum handeln wird, was die Baumwolle kostet und wie viel Ballen gebraucht werden. Die großen Erfindungen dienen nur dem, was zur Befriedigung der allerpersönlichsten

Bedürfnisse gehört. Daraus können wir entnehmen, dass die Geisteskraft bis in die tiefsten Tiefen des Materiellen hinuntergestiegen ist. Solches musste kommen, der Mensch musste in die tiefsten Tiefen des Materialismus hineingeführt werden, weil er nur so den Aufstieg wieder finden kann.

Und wodurch fühlt sich der Mensch heute als Persönlichkeit so stark, dass sein Dasein völlig eingeschlossen ist zwischen Geburt und Tod, dass er seine physische Persönlichkeit kultiviert und alle Geisteskraft zum persönlichen Dienst verwendet? Das ist in der dritten Epoche vorbereitet worden. Da, wo man in den Mumien die Form des physischen Körpers über den Tod hinaus für ewige Zeiten erhalten wollte, wo man diese Form nicht zerrinnen lassen wollte. Das hat sich dem Menschen eingeprägt. Das Festhalten an der Persönlichkeit ist heute so stark, weil man in der ägyptischen Zeit die Körper mumifiziert hat, damit die Menschen in der fünften Epoche ein möglichst großes Persönlichkeitsgefühl haben.

So sehen wir, wie die Menschheit immer mehr in die Maja heruntersteigt. Wir sehen die dritte Epoche, die ägyptisch-chaldäische Epoche, in die vierte übergehen, in die griechisch-römische Kultur. Da setzt der Mensch in den verschiedenen Gestalten sich selbst, sein eigenes inneres Wesen, in die Außenwelt hinaus. Wir sehen, wie im alten Griechenland der Mensch in der Materie sich selbst abbildet. Der Mensch geheimnisst seine eigene Form in die Götter hinein. Im griechischen Drama sehen wir, wie der Mensch zum ersten Mal künstlerisch verwertet wird. So tritt der Mensch ganz auf den physischen Plan hinaus.

Der Mensch schafft ein Abbild seiner Selbst in der römischen Kultur. Er schafft in den staatlichen Einrichtungen ein Heraussetzen seines Selbstes: den Begriff des Menschen als Staatsbürger. Den Rechtsbegriff des Menschen gab es noch nicht im alten Griechenland. In der römischen Kultur wird die physische Welt so weit betreten, dass der Mensch in seiner eigenen Persönlichkeit rechtlich als Bürger erscheint. So sehen wir stufenweise, wie die Persönlichkeit heraustritt, wie damit mehr und mehr die physische Welt erobert wird. Die Menschheit taucht immer tiefer in die physische Materie ein.

Nach der römischen Kultur folgt unsere fünfte Epoche – und dann wird in der Zukunft eine sechste und eine siebte Kultur nachfolgen. Die vierte ist die mittlere Epoche, und innerhalb dieser mittleren Epoche tritt der Christus Jesus auf, in der Mitte der vierten nachatlantischen Kultur. Vorbereitet wird das, was der Christus Jesus zu bringen hat, innerhalb der dritten Epoche.

In der Zeit, als die griechisch-lateinische Kultur sich entfaltete, wurde das weiter vorbereitet, was als größtes Ereignis innerhalb der Erdentwicklung auftreten sollte. Da, wo die Menschen so weit vorgerückt waren, dass sie sich selbst auf den physischen Plan herausstellten, dass sie sich Göttern ähnlich machten, dass sie im Staat die Persönlichkeit schafften, dass sie bis zur Ehe des Geistes mit der Materie herunterstiegen, da musste der Zeitpunkt sein, wo auch der der Erde zugehörige Geist bis zur Persönlichkeit vorschreitet, wo der Gott als Person im Fleisch erscheint.

Wir sehen, wie in der Mitte der nachatlantischen Zeit Gott im Fleisch erscheint, weil die Menschheit genügend vorgeschritten ist, um die einzelne Persönlichkeit zu begreifen. Wie im Bild erscheinen uns da die Menschen, wenn wir sehen, wie der Mensch der griechischen Kultur ein Abbild seiner selbst schafft und als Gott darstellt. Wir sehen dann die römischen Typen: Sind sie nicht wie die griechischen Bildhauergestalten, die von ihren Podesten heruntergestiegen sind und mit der römischen Toga bekleidet umherwandeln?

So war die Menschheit fortgeschritten von der Zeit an, wo der Mensch sich noch ganz als Glied der Gottheit fühlte, bis zum Fühlen der Gottheit in der eigenen Persönlichkeit. Da konnte er die Persönlichkeit begreifen, die als Gott heruntersteigt und unter den Menschen wohnt.

IX. Vortrag.

Wir haben während der ganzen Zeit dieser Vorträge gesehen, in welcher Weise wir uns zu der Urkunde, die man das Johannes-Evangelium nennt, stellen, wenn wir auf dem Boden der Geisteswissenschaft oder Theosophie stehen; wir haben gesehen, dass es sich nicht darum handelt, irgend welche Wahrheiten aus dieser Urkunde heraus zu gewinnen, sondern darum handelt es sich zu zeigen, dass und wie unabhängig von allen Meinungen und Urkunden es möglich ist, in die geistige Welt einzudringen, genau so, wie wenn wir heute Mathematik lernen, unabhängig von jenen alten Büchern, durch die Mathematik erobert worden ist. Wir müssen diejenigen in der Schule, die Mathematik lernen, so z. B. Geometrie von dem alten Buche des Euklid, in dem die Geometrie zuerst mitgeteilt wurde? Haben aber die Menschen durch sich selbst kennen gelernt die Mathematik, so können die alten Bücher darüber nach ihrem wahren Wert

Neunter Vortrag

Die Entwicklung des Menschen

In der fortschreitenden Eroberung der Erde

Hamburg, 29. Mai 1908

Meine lieben theosophischen Freunde!

Wir haben während dieser Tage gesehen, in welcher Weise wir uns zu der Urkunde stellen, die man das Johannes-Evangelium nennt, wenn wir auf dem Boden der Geisteswissenschaft oder der Theosophie stehen.

Wir haben gesehen, dass es sich nicht darum handelt, aus dieser Urkunde heraus irgendwelche Wahrheiten zu gewinnen. Es handelt sich darum, zu zeigen, dass es möglich ist, unabhängig von allen Meinungen und Urkunden, in die geistige Welt einzudringen, genauso, wie wenn wir heute Mathematik lernen unabhängig von jenen alten Büchern, durch welche Mathematik erobert worden ist. Was wissen diejenigen in der Schule, die Mathematik oder Geometrie lernen, von dem alten Buch des Euklid, in dem die Geometrie zuerst mitgeteilt worden ist? Haben aber die Menschen durch sich selbst die Mathematik kennengelernt, dann können sie die alten Bücher darüber nach ihrem wahren Wert würdigen.

So haben wir gesehen, dass wir aus dem Geistesleben heraus jene Wahrheiten gewinnen können, um die es sich in einer solchen Urkunde wie dem Johannes-Evangelium handelt. Dann finden wir in ihm das wieder, was wir schon wissen. Wir kommen dadurch erst zur richtigen Würdigung dieser Urkunde. Wir haben gesehen, dass sie nicht an Wert verliert, dass ihre Wertschätzung nicht geringer ist als bei denen, die sich von vornherein auf den Boden dieser Urkunde stellen. Wir haben gesehen, dass die tiefsten Weisheiten der Menschheit uns im Johannes-Evangelium wieder entgegentreten. Wir haben auch gesehen, dass wir, wenn wir den tiefsten Sinn der christlichen Lehre erfassen, dass wir dann von selbst begreifen können, warum das Christus-Wesen gerade zu diesem bestimmten Zeitpunkt in die Menschheitsentwicklung eintreten musste.

Wir haben gesehen, wie sich in der nachatlantischen Zeit die Menschheit entwickelt hat, wie nach der großen atlantischen Flut die erste Kultur heraufkam, wo in der indischen Kulturepoche der Mensch noch von der Erinnerung und Sehnsucht nach dieser alten Zeit beherrscht war. Der Grund liegt darin, dass noch eine lebendige Überlieferung an jene Zeitepoche geblieben war, wo der Mensch einen dämmerhaft hellsehenden Zustand hatte, sodass er in die geistigen Welten eindringen konnte und Erfahrungen darin bekam, so wie heute der Mensch in den Reichen der Natur Erfahrungen sammeln kann.

Wir haben gesehen, wie in der atlantischen Zeit noch nicht eine so scharfe Trennung war zwischen dem Bewusstseinszustand des Tages und dem der Nacht. Wenn damals der Mensch einschlief, so versank sein inneres Erleben nicht in Bewusstlosigkeit, sondern dann gingen ihm die Dinge der geistigen Welt auf. Wenn er dann morgens wieder in das

Werkzeug des physischen Leibes untertauchte, dann sanken diese Erlebnisse in den geistigen Welten in ein Dunkel. Dann konnte er die geistigen Welten nicht mehr wahrnehmen und um ihn herum stiegen die Bilder der äußeren Wirklichkeit auf.

Jene scharfe Grenze zwischen Tagesbewusstsein und Nachtschlaf kam erst in unserer nachatlantischen Zeit. Da ist der Mensch von den geistigen Welten abgeschnitten worden. Immer mehr ist er aus der geistigen Wirklichkeit heraus- und in die physische Wirklichkeit hineingestiegen. Nur eine Erinnerung war geblieben, und an diese Erinnerung hat sich die Sehnsucht des Gemüts geknüpft, die physische Wirklichkeit zu durchbrechen und in einem Ausnahmezustand wieder in die geistigen Welten hinaufzusteigen.

Dieser Ausnahmezustand wurde den Eingeweihten zuteil, sodass sie in die geistigen Welten hineinblicken konnten. Sie konnten Kunde und Zeugnis davon geben, dass die geistigen Welten wirklich da sind. Yoga war der Prozess, durch den der Mensch in den alten dämmerhaft hellsehenden Zustand zurückversetzt wurde. Unter diesem Eindruck bildete sich in der alten indischen Kultur jene Stimmung aus, welche in der äußeren physischen Wirklichkeit eine «Maja» sah. Die Welt der geistigen Vorgänge ist Wirklichkeit, was der Mensch mit seinen physischen Augen sieht, ist Maja – das war die erste religiöse Grundempfindung der nachatlantischen Zeit.

Das war noch kein Begreifen der Mission der Menschheit, denn die Mission derselben besteht nicht darin, das Physische zu fliehen, der physischen Welt fremd zu werden, sondern die Menschheit hat die Mission, immer mehr die Welt der physischen Wirklichkeit zu erobern. Es ist aber auch begreiflich, dass die Menschheit, die zuerst in die physische Welt hinausversetzt wurde, diese für Maja oder Illusion hielt, dass sie noch stark die Erinnerung an das alte hellsehende Bewusstsein in den geistigen Welten behalten hatte. Diese Stimmung herrschte damals gegenüber der physischen Wirklichkeit. Sie durfte aber nicht Lebensnerv der nachatlantischen Zeit werden, und wir haben gesehen, wie Stück für Stück der Zusammenhang mit der physischen Wirklichkeit erobert wurde.

In der Kultur, die wir die urpersische nennen, in der zweiten Kulturepoche der nachatlantischen Zeit, sehen wir, wie die Menschheit den ersten Schritt tut, um aus dem alten indischen Prinzip herauszuwachsen und die physische Wirklichkeit zu erobern. Noch ist nichts von einem Studium der physischen Wirklichkeit da, aber es ist schon mehr da als in der altindischen Kultur.

Hätte die indische Kultur allein fortbestanden, so sehen wir auch in dem, was die nachgebliebene indische Kultur zeigt, dass niemals das, was unsere heutige Wissenschaft ausmacht, aus dem alten Indertum hätte hervorgehen können. Unwert erscheint auch den späteren Indern die Bearbeitung und das Studium der physischen Wirklichkeit, daher konnte das indische Prinzip niemals eine brauchbare Wissenschaft hervorbringen. Wenn das später in der indischen Kultur anders geworden ist, so war das nicht aus indischen, sondern aus späteren fremden Einwirkungen hervorgegangen.

Die persische Kultur steht der physischen Welt als einem Arbeitsfeld noch feindlich gegenüber. Es wird aber in ihr die Hoffnung ausgesprochen, dass mithilfe der Lichtgötter die böse Welt in eine gute verwandelt werden kann.

Und weiter geht es in der dritten Kulturepoche, die ihren geschichtlichen Ausdruck in dem fand, was von der babylonisch-assyrischen, von der ägyptisch-chaldäischen Kultur erobert worden ist. Wir haben gesehen, dass die physische Welt immer mehr zur Geltung kam, dass sie nicht mehr Maja war und dass nicht nur unsere Erde, sondern auch der Sternenhimmel durchforscht wurde. Dieser war nicht bloß Maja, sondern anhand der Sterne und ihrer Bahnen suchte man die Ratschlüsse der göttlichen Wesen zu erkennen. Man lebte sich in den Gedanken ein, die äußere Wirklichkeit sei eine Manifestation, ein Ausdruck der göttlichen Wesen. So durchdrang man nach und nach diese Welt mit dem Geist, der immer mehr auch in des Menschen Innerem aufleuchtete.

Wir haben gesehen, dass der Mensch erst in der nachatlantischen Zeit dazu gekommen ist, «Ich bin» zu sagen. Er kam erst nach und nach zur Erfassung des Geistes im Inneren des Menschen. Betrachten wir das Gegenbild zu dem, was wir uns gerade vor Augen geführt haben: die Entwicklung des eigenen Inneren des Menschen.

Solange der Mensch mit dem träumerisch-hellsehenden Bewusstsein hinausgesehen hat, hat er nicht auf sein Inneres achtgegeben. In demselben Maße, wie die geistige Welt hinuntersank, wurde der Mensch sich seiner eigenen Geistigkeit bewusst. In den ersten Kulturen der nachatlantischen

Zeit war noch eine besondere Stimmung gegenüber dieser Geistigkeit. Man empfand: Der Mensch muss sich verlieren, er muss im Allgeist, im Brahman aufgehen. So war es insbesondere bei der alten Einweihung. Die Schüler mussten die Persönlichkeit ganz abstreifen. Ein unpersönliches Aufgehen in den geistigen Welten war es, was die alte Einweihung ausmachte.

Schon bei der dritten Entwicklungsepoche wurde das Ich immer kräftiger. Immer mehr wurde sich der Mensch als Ich-Wesen bewusst. Und als er die Materie um sich herum nicht mehr als Gegner ansah, sondern sie lieb gewann, wurde er sein eigenes Ich immer mehr gewahr. Das Persönlichkeitsbewusstsein war im alten Ägyptertum auf einer gewissen Höhe angelangt. Da war aber noch etwas vorhanden, was die Persönlichkeit als etwas Niederes erscheinen ließ, was in der äußeren Welt aufgeht, was keine Möglichkeit hat, den Zusammenhang mit dem zu gewinnen, aus dem es herausgeboren ist. Wir müssen uns an eine zweite Grundstimmung erinnern, wenn wir die Sache begreifen wollen.

Wir erinnern uns, wie in der letzten Zeit der Atlantis und in der ersten indischen Kultur die Menschen danach gelechzt haben, die Persönlichkeit abzustreifen. Zu ruhen in einem göttlichen Allgemeinen war das, was man wollte, was man brauchte. Das Bewusstsein des Ruhens in der Allgemeinheit war der Menschheit erhalten geblieben in dem Bewusstsein der Zusammengehörigkeit mit den alten Blutsverwandten durch Generationen hindurch. Bis zum ersten Vorahnen hinauf ruhte das Ich in dem Blut des Stammes. Das war die zweite Grundstimmung, die aus der ersten herausgeboren wurde, die im göttlichen Geist aufgehen wollte, die sich im göttlichen Geist geborgen fühlte.

So war es gekommen, dass die Menschen der dritten Epoche anfingen, sich als einzelne Menschen zu empfinden, sich aber zugleich im Stamm, in der Blutsliebe geborgen fühlten, in dem durch die Generationen fließenden Blut, in dem für sie die Gottheit lebte. Wir haben gesehen, dass innerhalb des Volksstammes der Juden die Ausbildung dieser Stimmung besonders stark war: «Ich und der Vater Abraham sind eins». Das war aber auch das, was die Grundstimmung aller Volksstämme dieser dritten Kulturepoche ausmachte.

Nur der Bekennerschaft des Alten Testamentes war vorherverkündigt, dass es etwas Höheres gibt. Wir haben auf den großen Moment für die Menschheit hingewiesen, wo das prophetisch vorhergesagt wurde. Es ist der Moment, wo Moses den Namen rufen hört: «Ich bin». Da ertönt zum ersten Mal die Kunde von dem «Logos» – und der Name dieses Logos: «Ich bin». Aber sie ertönt erst prophetisch. Wie eine Prophetie war es, was durch das Alte Testament ging.

Wer war es, der damals dem Moses seinen Namen zuerst als Prophetie verkündete? Wir haben wieder eine Stelle des Johannes-Evangeliums, wo die Ausleger oberflächlich zu Werke gehen. Wer war es, der da seinen Namen verkündete, dem wir den Namen «Ich bin» geben? Wir kommen darauf, wenn wir ernst und würdig die Stelle im Johannes-Evangelium – Kapitel 12, Vers 38 – lesen. Es ist das Ereignis, das darauf hinweist, dass die Juden nicht glauben wollen, dass es der Christus Jesus ist. Jesus weist auf Jesaias hin, und es heißt im Johannes-Evangelium:

> «Das redete Jesus und ging weg und verbarg sich vor ihnen. Und obwohl er solche Zeichen vor ihren Augen tat, glaubten sie doch nicht an ihn, damit erfüllt werde der Spruch des Propheten Jesaja, den er sagte: ‹Herr, wer glaubt unserm Predigen? Und wem ist der Arm des Herrn offenbart?› Darum konnten sie nicht glauben, denn Jesaja hat wiederum gesagt: ‹Er hat ihre Augen verblendet und ihr Herz verstockt, damit sie nicht etwa mit den Augen sehen und mit dem Herzen verstehen und sich bekehren und ich ihnen helfe.› Das hat Jesaja gesagt, weil er seine Herrlichkeit sah und redete von ihm.» (12, 36-41).

Von wem redete Jesaias? Es wird hier auf die Stelle in Jesaias (6,1) hingewiesen, die da heißt: «Des Jahres, da der König Usia starb, sah ich den Herrn sitzen auf einem hohen und erhabenen Stuhl und sein Name füllte den Tempel.» Wen sah Jesaias? Es wird im Johannes-Evangelium klar gesagt: Den «Christus» sah er. Im Geist war er immer zu sehen, und wir werden es nicht unbegreiflich finden, dass der, den Moses damals sah, der ihm den Namen «Ich bin» verkündete, kein anderer als der Christus war. Der Gott des Alten Testamentes ist kein anderer als der Christus.

Wir sehen an dieser Stelle ganz klar, dass mit den Worten «Vater», «Sohn» und «Heiliger Geist» die sonderbarsten Verwechslungen vorgekommen sind. Sie wurden dazu gebraucht, um den esoterischen Sinn nicht gleich hervorleuchten zu lassen. Sprach man im Alten Testament vom

«Vater», so sprach man von dem, was durch das Blut, durch die Generationen rinnt. Sprach man von dem, der sich im Geist offenbart, so sprach man vom «Logos» – wie im Johannes-Evangelium. Wenn wir uns darüber klar geworden sind, dass auch das Alte Testament von dem Christus gesprochen hat, so werden wir auch begreifen, in welcher Beziehung gerade das alttestamentarische Volk in unsere Entwicklung hineingestellt ist.

Aus dem Ägyptertum wächst das alte hebräische Volk heraus. Es hebt sich von dem Hintergrund des ägyptischen Prinzips ab. Wir sehen, dass der Normalgang der Menschheit so fortschreitet, wie wir gesagt haben. Bevor die vierte Kulturepoche beginnt, geht in der dritten Epoche wie ein geheimnisvoller Zweig das ägyptische Volk hervor – mit seinem tiefen Mythos und den Geheimnissen der ägyptischen Epoche, die den Boden für das Christentum abgibt.

Wir werden es auch begreiflich finden, dass die Erscheinung des Christus Jesus in die vierte Kulturepoche hineinfallen muss. Die Menschheit ist da so weit gekommen, dass sie das Ich verobjektiviert hat.

Wir haben gesehen, wie der Mensch die Materie mit seinem eigenen Geist durchdringt, wie er im alten Griechenland seine eigene Verkörperung und seine Gestalt vor die Seele hinstellt. Wir haben gesehen, wie im römischen Staat der Mensch so sehr zum Bewusstsein der Wichtigkeit der eigenen Persönlichkeit kommt, dass er sich als Mensch in die äußere Welt hineinstellt. Das eigentliche Recht, das den einzelnen Menschen als Rechtssubjekt betrachtet, haben wir erst in dieser vierten Kultur. Da wird sich der Mensch so weit seiner eigenen Geistigkeit bewusst, dass er sich als einzelner Staatsbürger fühlt, als Glied des Staates.

In Griechenland fühlte er sich noch nicht so. «Ich bin ein Athener» heißt etwas ganz anderes als: «Ich bin ein Römer». Der Athener stand für alle Athener, es war noch eine Art Gruppenseele. Der Römer dagegen fühlt sich als einzelner Staatsbürger wie eine Rechtsperson. Die Entstehung des Begriffs «Testament» ist erst in dieser Zeitepoche möglich geworden. Erst da kommt der Mensch so weit, dass er seinen Willen so individualisiert hat, dass er bis über den Tod hinaus wirkt. So ist der Mensch immer mehr zur Durchdringung der Materie gekommen. Die vierte Zeitepoche ist diejenige, in der der Mensch der nachatlantischen Zeit das, was er in seinem Geist erfasst, restlos der Materie einverleibt.

In der ägyptischen Pyramide ist der Geist noch nicht ganz der Materie einverleibt. Betrachten wir dagegen den griechischen Tempel: Es gibt keine bedeutendere, keine vollkommenere Architektur als die des griechischen Tempels. Er ist der reinste Ausdruck der Raumgesetzlichkeit. Der Raumgedanke wird von dem griechischen Architekten tief empfunden. Der Grieche fühlt die Tragkraft einer Säule, einer Linie. Er fühlt die Kraftlinie, die nur so liegen kann. Die Tragkraft einer Linie, einer Säule, ist bis in die letzte Konsequenz durchgeführt in der griechischen Architektur. Wenige Menschen haben nachher noch die Fähigkeit gehabt, den Raumgedanken so rein architektonisch zu empfinden wie in jener Zeit.

Es hat später noch Menschen gegeben, die ein Gefühl davon hatten, aber sie haben es in der Malerei ausgeführt, zum Beispiel Michelangelo in seinen Gemälden der Sixtinischen Kapelle. Er hat noch ein Gefühl für die Raumgesetzlichkeit, für den Raumgedanken gehabt, es ist aber nicht mehr die griechische, architektonische Empfindung des Raumgedankens, sondern die malerische. Architektonisch heißt, nicht mit dem Auge, sondern mit etwas anderem zu empfinden. Es gibt eine Empfindung für den Raumgedanken. Es gibt Bilder mit schwebenden Engeln, die der Maler so malt, dass man meint, sie können jeden Augenblick herunterfallen. Da hat man malerisch die dynamischen Verhältnisse des Raumes vor sich. Der Grieche hat aber architektonisch in der Säule die Tragkraft empfunden. Es gab für ihn keine dekorative Wirkung der Säule.

Dieses Mitfühlen mit den Linien des Raumes nennt Platon ein geometrisierendes Fühlen.* Betrachten wir den griechischen Tempel: Er ist mit aller Notwendigkeit die Wohnung der Gottheit. Wer die Form versteht, der erkennt daraus mit Sicherheit den darin wohnenden Gott. Betrachten wir die Kraftlinien der Säulen und Träger, so sehen und fühlen wir: Der Gott kann es nicht anders machen. Er würde es selbst so ausführen, wenn er sich ein Wohnhaus schaffen wollte. Der Gott wohnt tatsächlich in seinem Tempel. Das ist die höchste Durchdringung der Materie mit dem Geist.

Vergleichen wir den griechischen Tempel mit einer gotischen Kathedrale, so sehen wir, dass diese gar nicht richtig gedacht und empfunden werden kann, ohne die andächtige

Gemeinde, die in ihr betet. Der gotische Gedanke ist nicht mehr bloß das Wohnhaus Gottes, sondern der Versammlungsort der zu Gott betenden Gemeinde, deren erhobene Hände sich falten im Gebet, wie oben die Spitzbogen des Gewölbes. Ein griechischer Tempel ist und bleibt das Wohnhaus des Gottes, auch wenn er ganz einsam und verlassen dasteht. Der Gott weilt in ihm. Ein gotischer Dom ist leer ohne die betende Gemeinde, die erst durch ihr Gebet die Gottheit heranzieht.

Wir sehen, wie sich zwischen die griechische Architektur und die Gotik etwas hineingestellt hat, wie das Alte in die Dekadenz gekommen ist. Eine Säule, die nicht trägt, ist keine Säule für die griechische Empfindung. Sie ist ein Unding. Es ist die schönste Durchdringung der Materie mit dem Geist, wo im griechischen Tempel die Materie als göttlich empfunden wird. Im geisteswissenschaftlichen Sinne gefasst, sehen wir diese vierte Epoche so, dass der Mensch ganz und gar im Einklang mit der ihn umgebenden Welt steht. Diese Zeit ist allein geeignet zu begreifen, dass die Gottheit in physischer Menschengestalt erscheint.

Niemals früher war das der Fall. Vorher wollte man vielmehr den Gott vor der menschlichen Gestalt bewahren: «Du sollst dir kein Bildnis von deinem Gott machen», heißt es im Alten Testament. Herausentwickelt hatte sich das Volk aus dieser Anschauung. In die vierte Epoche hinein musste dieses Ereignis fallen. Deshalb zerfällt für das christliche Bewusstsein die ganze Menschenentwicklung in die vorchristliche und in die nachchristliche Zeit. Der Gottmensch konnte nur in dieser Zeit erscheinen.

So erkennen wir, wie das Johannes-Evangelium an das Bewusstsein und die Gesinnung anknüpft, die unmittelbar aus dem Zeitbewusstsein stammt. Ganz von selbst machte es sich so, dass es innerlich verwandt mit den Gedankenbildern der Zeit im griechischen Gewand erschien. Sein Entstehen konnte es nur in der Zeit haben, in der man so weit in die Materie hineingekommen war, dass man sie mit dem Geist völlig durchdrang, dass man sie in ihrem vollen Wert schätzte – aber dass man sie noch nicht wie heute überschätzte. So zeigt sich uns aus dem geistigen Gang der Menschheit heraus die Entfaltung des Christentums als etwas Notwendiges.

Wenn wir begreifen wollen, welche Gestalt der Christus annehmen musste, müssen wir auf einige wichtige Begriffe Rücksicht nehmen, die im Johannes-Evangelium enthalten sind. Nicht einerlei ist es, wenn darin von Namen die Rede ist. Der Schreiber ist nirgends «Johannes» genannt, sondern es wird immer nur von dem Jünger gesprochen, den der Herr lieb hatte. Wir haben gesehen, welches Geheimnis sich dahinter verbirgt.

Jetzt müssen wir noch auf etwas anderes hinweisen. Im Johannes-Evangelium wird von den Lesern gewöhnlich übersehen, wann und wie von der Mutter Jesu gesprochen wird. Jeder wird heute annehmen, dass sie Maria hieß. Nirgendwo steht aber im Johannes-Evangelium, dass die Mutter Jesu Maria heißt. Es steht mit voller Absicht überall nur: «die Mutter Jesu». Wir lesen im Kapitel von der Hochzeit zu Kana in Galiläa: «Und die Mutter Jesu war da … die Mutter Jesu sprach zu den Dienern …»

Und wo sie uns wieder entgegentritt, als wir den Erlöser am Kreuz sehen, da heißt es: «Es stand aber bei dem Kreuz Jesu seine Mutter, seiner Mutter Schwester Maria, des Kleophas Weib, und Maria Magdalena». Klar und deutlich ist hier gesagt: die Mutter und deren Schwester, die Maria heißt. Es wäre sonderbar, wenn zwei Schwestern denselben Namen hätten. Das geschieht heute nicht, und das hat man auch früher nicht getan. Dadurch, dass hier der Evangelist auf die Schwester Maria hinweist, ist es klar, dass die Mutter nicht Maria heißt. So entsteht für eine würdige Auffassung des Johannes-Evangeliums die Frage: Wer ist die Mutter Jesu?

Da streifen wir an die andere Frage: Wer ist der Vater Jesu?, so wie wir fragen, wer die Mutter ist.

Im Lukas-Evangelium erfahren wir, wer der Vater Jesu ist. Es gehört eine große Gedankenlosigkeit dazu, nicht zu sehen, wie da gesagt wird: «Der Heilige Geist wird dich überschatten». Es wird darauf hingewiesen, dass der Vater Jesu «der Heilige Geist» ist. Was wir in den Aussprüchen: «Ich und der Vater sind eins»; «bevor Abraham ward, war das Ich bin» gehört haben, das zeigt uns, wie dem Johannes-Evangelium gegenüber im Heiligen Geist der Vater zu sehen ist – und wie wir von dem Mutterprinzip zu denken haben.

Es soll noch darauf hingewiesen werden, dass im Lukas-Evangelium eine Art Generationenfolge gegeben wird. Als Jesus getauft wurde in seinem dreißigsten Jahr und anfing zu lehren, da wird gesagt: «… und er war gehalten für einen Sohn Josephs, welcher war ein Sohn Elis, der war ein Sohn Mathas» und so weiter, bis hinauf zu Adam. Und dann folgt etwas ganz Eigentümliches, denn es heißt zum Schluss: Adam war Gottes Sohn. Genau wie vorher vom Sohn zum Vater hinaufgewiesen wird, so wird von Adam zu Gott hinaufgewiesen. Solche Stellen müssen wir durchaus ernst nehmen.*

X

Damit wir einen möglichst gerundeten Cyklus haben, w
es nötig sein, daß heute ein wenig mehr vorgebracht
werde. Uns hat beschäftigt das Gesetz der menschl. Entw
lung der Menschheit u. wir suchten zu begreifen, war
in einem bestimmten Zeitpunkt derselben die Stiftung
des Christentums stattfinden mußte. Wir haben versuch
daß das Verständnis wichtiger Fragen des J. E. u. des
ganzen Christentums davon abhängt, daß wir das En
wicklungsgesetz im esoter.- christl. Sinne gut ins
ge fassen u. uns die Bedeutung der Begriffe: Heilig
Geist u. Mutter Jesu nur dadurch klar werden.
haben uns klar gemacht, daß die menschl. Menschheit, z
der wir im engeren Sinne gehören, in 7 Unterabt
lungen zerfällt. Es wird von mir absichtlich der Begriff
„Unterrassen" vermieden, weil der Begriff Rasse sich n
deckt mit dem, um was es sich handelt. Es handelt sich um
Kulturentwicklungsperioden u. dasjenige was wir
Rassengesetz innerhalb der Menschheit heute noch erleben,

Zehnter Vortrag, 1. Teil

Die drei Tage der Hochzeit

Zwischen Menschenseele und Gottesgeist

Hamburg, 30. Mai 1908

Meine lieben theosophischen Freunde!

Damit wir einen möglichst gerundeten Zyklus haben, wird es nötig sein, dass heute ein wenig mehr vorgebracht wird.

Uns hat das Gesetz der nachatlantischen Entwicklung der Menschheit beschäftigt, und wir haben versucht zu begreifen, warum in einem bestimmten Zeitpunkt derselben die Stiftung des Christentums stattfinden musste.

Wir haben erwähnt, dass das Verständnis wichtiger Fragen des Johannes-Evangeliums und des ganzen Christentums davon abhängt, dass wir das Entwicklungsgesetz im esoterisch-christlichen Sinne ins Auge fassen, und dass die Bedeutung der Begriffe «Heiliger Geist» und «Mutter Jesu» uns nur dadurch klar wird. Wir haben uns klargemacht, dass die nachatlantische Menschheit, zu der wir im engeren Sinne gehören, in sieben Unterabteilungen zerfällt.

Es wird von mir absichtlich der Begriff «Unterrassen» vermieden, weil der Begriff Rasse sich nicht deckt mit dem, um was es sich handelt. Es handelt sich um Kulturentwicklungsperioden. Und das, was wir aber als Rassengesetz innerhalb der Menschheit heute noch erleben, ist nichts anderes als ein Nachklang der atlantischen Menschheit. Die unserer Menschheit vorangegangene Menschheit teilen wir auch in sieben aufeinanderfolgende Abschnitte ein. (s. Textvergleich S. 193) Doch für die atlantische Zeit gilt im eminentesten Sinne der Begriff «Rassenentwicklung». Denn diese sieben Stufen waren auch körperlich, innerlich und äußerlich, auch in der Zusammensetzung des Blutes und der anderen Säfte, sowie des Gehirns, sehr verschieden voneinander, während gar keine Rede davon sein kann, dass zum Beispiel der alte Inder so verschieden von uns wäre, dass man den Begriff «Rasse» anwenden könnte.

Man erweckt falsche Vorstellungen durch solche Bezeichnungen, da man übersieht, dass da das Einteilungsprinzip ein viel geistigeres, innerlicheres ist, als was mit dem Ausdruck «Rasse» zusammenhängt. (Ende Textvergleich S. 193). Später wird der Ausdruck «Rasse» gar nicht angewendet werden dürfen, weil es ein anderes Grundgesetz geben wird, nach dem sich die Menschheit gliedert.

Von dem erwähnten Grundgesetz ausgehend, haben wir die nachatlantische Menschheit bis zu uns herauf in sieben Kulturepochen eingeteilt. Unsere Epoche ist die 5. Epoche. Sie wird von einer 6. und einer 7. Epoche abgelöst werden. Wir haben gesagt: Das Christentum ist in die Menschheitsentwicklung in seiner vollen Tiefe und Bedeutung in der 4. Epoche eingetreten und es hat so weit die Menschheit der 5. Epoche ergriffen, als sie von ihm ergriffen werden konnte. Wir haben auch erwähnt, dass die Mission des Christentums in der 3. Kulturepoche vorbereitet worden ist. Aus ihrem Schoß heraus leitet das Bekennertum des Alten Testamentes

Fortsetzung S. 194

Textvergleich aus dem 10. Vortrag

(s. S. 192)

[N]achschrift Wandrey (s. unten)	*Nachschrift Hübner*	*GA 103, S. 168-169*
[..]h für die atl. Zeit gilt im eminen-[..]en Sinne der Begriff «Rassenentwicklung». Denn diese 7 Stufen waren auch körperlich, innerlich u. äußerlich, auch in der Zusammensetzung des Blutes u. [..]anderen Säfte, sowie des Gehirns, [..] verschieden von einander, wäh-[..]d gar keine Rede davon sein kann, [..] z. B. der alte Inder so verschieden wäre von uns, daß man den Begriff «Rasse» anwenden könnte.	Für diese 7 Abschnitte gilt noch der **Ausdruck** Rassen-Entwicklung; denn diese 7 **auf einander folgenden** Stufen **der Menschheit auf der alten Atlantis**, waren auch körperlich, inner- und außer**körperlich** sehr von einander verschieden (**zum äusseren Körper rechnet man** das Gehirn Zusammensetzung des Blutes und anderer Säfte) während gar keine Rede sein kann davon, dass **die ersten Menschen der nachatlantischen Zeit** von uns so sehr verschieden waren, dass wir **in wahrem Sinne den Ausdruck** Rassen anwenden dürfen.	(S. 168) Für diese sieben Abschnitte gilt noch der Ausdruck «Rassen-Entwickelung». Denn diese sieben aufeinanderfolgenden Stufen der Menschheit auf der alten Atlantis waren auch **noch** körperlich, inner- und außer-körperlich – zum äußeren Körper rechnet man **auch** die **innere Konfiguration** des Gehirns, des Blutes und **der** anderen Säfte – sehr voneinander verschieden, während gar keine Rede davon sein kann, daß **etwa** die erste Mensch**heit** der nachatlan(S. 169)tischen Zeit, **die alten Inder**, von uns so **weit** verschieden waren, daß wir **noch** den Ausdruck «Rasse» **darauf** anwenden dürften.
	Man muss immer die Continuität der Entwicklung im theosophischen Sinne festhalten und es ist immer notwendig, an diese Rassenbegriffe anzuknüpfen.	**Man muß ja immer die Kontinuität der Theosophie festhalten, und daher ist es ja oft notwendig, an diesen alten Begriff der Rassen anzuknüpfen.**
Man erweckt falsche Vorstel-[..]gen durch solche Bezeichnungen, [..]an übersieht, daß das das Einteilungsprinzip ein viel geistigeres, innerlicheres ist, als was mit dem Aus-[..]druck «Rasse» zusammenhängt.	**Aber** man erweckt falsche Vorstellungen durch **das Wort Rasse**, weil man übersieht, dass das Eintheilungs**motiv**, **das wir heute für den Menschen haben**, ein viel innerlicheres ist, als das, was mit dem Ausdruck Rasse zusammenhängt.	Aber man erweckt **doch zu leicht** falsche Vorstellungen durch das Wort Rasse, weil man übersieht, daß das Einteilungsmotiv für die Mensch**heit**, das wir heute haben, ein viel innerlicheres ist als das, **welches** mit dem Ausdruck **der** Rasse zusammenhängt.

Bemerkung [d]es Herausgebers: [..] «Wandrey» sagt Ru[..] Steiner, dass der [Be]griff «Rasse» ledig[lich] für das Körperli[che] anwendbar ist. [Pro]blematisch ist hin[geg]en das in Hübner [u.] GA Hinzugefüg[te,] wo diese bemüht [..], Rudolf Steiner theosophisch or[tho]dox hinzustellen: [..]an muss [ja] im[mer]» die «Continui[tät d]er Entwicklung» [(Hü]bner) oder gar die [Ko]ntinuität der Theo[soph]ie» (GA) festhal[ten,] was «immer» (Hübner) bzw. «ja oft» (GA) [not]wendig macht, «an [dies]en alten Begriff der [Ras]sen anzuknüpfen».

die Kultur, die wir die althebräische nennen, sodass aus dieser dann das Christentum herausgeboren werden konnte, das mit dem Christus vollständig zur Welt kam.

Die Menschheit der nachatlantischen Zeit erlebt in der 3. Epoche einen geistigen Einfluss, der bis in die 4. hineinwirkt. Da konzentriert er sich in dem Christus Jesus. Er wirkt dann weiter in unsere 5. Epoche hinein und wird bis in die 6. Epoche weiterwirken. Wir müssen verstehen, wie diese Einwirkungen geschehen.

Wir erinnern uns, dass im Laufe der Zeit die verschiedenen Glieder des Menschen ihre Entwicklung haben. In der letzten atlantischen Zeit senkte sich der Ätherkopf, der vorher außerhalb des Kopfes war, in den physischen Kopf hinein. Das gab dem Menschen die Fähigkeit, «Ich bin» zu sagen. Der Mensch bereitet auf diese Weise seit der Mitte der atlantischen Zeit das physische Werkzeug für das Selbstbewusstsein vor. Früher hätte kein Mensch das «Ich bin» sprechen können, jetzt bildet sich bis zum Untergang der Atlantis die physische Gehirnanlage aus, die ausgebildet sein muss, um ein Träger des Ich-Bewusstseins zu sein. Der physische Leib wird reif, ein Ich-Träger zu sein.

Was war die Mission des Atlantiertums? Es war die Mission, dem Menschen das Ich einzuprägen. Das geht über die Sintflut hinaus bis in unsere Zeit herein. Aber in unserer Zeit muss wieder etwas anderes kommen. Da muss langsam und allmählich in den Menschen das Geistselbst (Manas) hineingehen (s. Tafel S. 205). Mit unserer nachatlantischen Zeit beginnt dessen Einfluss. Wir wissen, dass, wenn wir unsere 6. und 7. Kulturperiode durchgemacht haben werden, die

Menschheit bis zu einem gewissen Grad vom Geistselbst überschattet sein wird. Aber es bedurfte einer längeren Vorbereitung für den Menschen, um ein geeignetes Werkzeug für das Geistselbst zu werden. Vorher ist er ein Ich-Träger geworden. Jetzt muss er nicht nur den physischen Leib, sondern auch die anderen Glieder seiner Wesenheit zum geeigneten Werkzeug für das Ich machen.

In der ersten nachatlantischen Zeit machte er seinen Ätherleib zum Ich-Träger. Das war in der altindischen Kultur. Der Mensch erlangte da die Fähigkeit, nicht nur ein physisches Werkzeug, sondern auch einen geeigneten Ätherleib für das Ich zu haben. Daher wird die altindische Menschheitsepoche als diejenige beschrieben, in der der Ätherleib besonders entwickelt wurde.

Wir müssen, ehe wir weitergehen, unterscheiden, dass das Seelisch-Astralische des Menschen in Empfindungsseele, Verstandesseele und Bewusstseinsseele zerfällt. Wir unterscheiden gewöhnlich nur sieben Glieder, doch das 4. dieser Glieder müssen wir weiter gliedern, weil es sich in der menschlichen Entwicklung so gegliedert erweist.

In der persischen Epoche wird der Astral- oder Empfindungsleib ausgebildet. Er ist der Träger der Betätigungskräfte des Menschen. Darin besteht der Unterschied zwischen dem Inder und dem Perser. Der Perser arbeitet – das Regen der Hände ist mit der Entwicklung des Empfindungsleibes verbunden. Der alte Inder war aber nicht geneigt, sich zu regen. Er wollte sich über das Körperhafte hinaus in Kontemplation versenken. Er strebte mit seiner ganzen Sehnsucht in die höhere Welt hinein. Das indische Yoga besteht darin, dass der Ätherleib ausgebildet wird. Die Kultur der alten Perser besteht aber darin, dass das Ich in den Astral- oder Empfindungsleib gesenkt wird. Es steigt bis in den Empfindungsleib hinein. Wir können das genau verfolgen, wenn wir uns auf den Geist dieser Epoche einlassen.

Was ist Empfindung? Was für das Wahrnehmen des Menschen draußen in der Natur vorgeht, das wirkt auf ihn durch seine Sinne. Er beobachtet den waltenden Geist in der Natur und das, was draußen im Raum ausgebreitet ist, wirkt auf seine Empfindung – bei den Persern auf den Empfindungsleib, bei den Ägyptern auf die Empfindungsseele. Wenig ist bei dem Perser von dem enthalten, was man innerliche Verstandeskultur nennen kann. Die Weisheit des Persers war nicht ein Denken, ein Spekulieren, sondern sein Blick war nach außen gerichtet. Er empfand die Gesetze, die er draußen in der Natur zum Beispiel aus dem Lauf der Sterne ablas.

Wenig dachte der Mensch auch in der 3. Epoche. Es war vielmehr ein anschauendes Empfinden der Weisheit. Es gab keine Begriffswissenschaft, sondern ein Empfindungslernen durch die Empfindungsseele. Wenn unsere Gelehrten richtig überlegen würden, könnten sie wie mit Fingern auf diese Sache hingewiesen werden. Wenn damals nicht nachgedacht worden ist, so heißt das, dass es damals eine Begriffsweisheit, eine logische Weisheit nicht gegeben haben kann.

Die Logik rührt erst von Aristoteles her, dem Begründer der Begriffsweisheit – dessen, was im nachdenkenden Ich selbst ist, wo der Mensch im Ich selbst die Begriffe bindet und trennt, sie nicht von den Dingen abliest. Das tritt uns erst in der 4. Epoche, in der Verstandesseele entgegen, die nach der 3. Epoche zur Entwicklung kam. Und wir selber sind in der 5. Epoche, in der Entwicklung der Bewusstseinsseele.

Die Menschheit trat in diese 5. Entwicklungsperiode um die Mitte des Mittelalters ein, vom 10. bis 12. Jahrhundert angefangen. Da begann der Eintritt des Ich in die Bewusstseinsseele. Auch das lässt sich historisch nachweisen, denn dadurch, dass das Ich sich ins Bewusstsein festsetzt, wird der Menschennatur ein ganz bestimmter Begriff von individueller Freiheit und Tüchtigkeit eingeimpft.

Verfolgen wir die Geschichte der ersten Zeiten des Mittelalters. Der Mensch gilt da als das, als was er in die Gesellschaft hineingestellt ist, was er von seinen Vätern geerbt hat: Stand, Name, Amt und Würden. Er arbeitet in der Welt mit all dem, was nicht mit dem einzelnen Ich verbunden ist. Erst als der Handel sich mehr und mehr ausbreitet, als die großen Entdeckungen und Erfindungen gemacht werden, gilt der einzelne Mensch etwas. Da beginnt das Ich so in die Bewusstseinsseele einzudringen, dass das äußere Abbild desselben sogar in einer ganz bestimmten Art von Städte-Konstitution zutage tritt. Was eine freie Stadt wie Hamburg ist, das ist der äußere Ausdruck des Hinhauchens der Bewusstseinsseele durch die Menschheit.

Wenn wir den Blick über unsere Gegenwart schweifen lassen und in die Zukunft schauen, dann können wir sagen: Jetzt sind wir dabei, das Ich-Bewusstsein in der Bewusstseinsseele auszubilden – alle Forderungen der Neuzeit tun das –, aber bei dem Blick in die Zukunft sieht unser Geist noch etwas anderes. Der Mensch steigt in der sechsten

Kulturperiode hinauf zum Geistselbst. Das wird eine Zeit sein, in der die Menschen in weit höherem Grad als heute eine gemeinsame Weisheit haben werden. Eingetaucht werden sie in dieser Weisheit sein, aber es wird so sein, dass das Allgemeingültige zugleich das Ureigenste des einzelnen Menschen sein wird.

Was heute aufgefasst wird als ein individuelles Gut des einzelnen Menschen – die Weisheit –, das steht noch nicht auf einer hohen Stufe. Denn die Menschen streiten sich noch in hohem Grad. Sie haben verschiedene Meinungen und behaupten, wenn sie sie nicht hätten, wären sie nicht selbstständig. Das ist aber ein untergeordneter Standpunkt der Anschauung, der weder Frieden noch Harmonie in die Menschheit bringt. An Frieden und Harmonie wird die Menschheit dann am reichsten sein, wenn die Menschen in die allgemeine Weisheit eingetaucht sind und dabei der einzelne Mensch am individuellsten ist.

Solange aber die Menschen noch nicht von Weisheit, vom Geistselbst überschattet sind, so lange gibt es einzelne Meinungen und Streit über die Wahrheit. Jene Weisheit soll aufleben, die die Meinungen eint und zusammenführt. Die Vorläufer dieser Weisheit sind heute die mathematischen Wahrheiten. Über diese kann man nicht abstimmen, die weiß man, unbekümmert um alle Abstimmung. So wird die Kultur des Geistselbst sein. Die Weisheit wird immer mehr in der stark gewordenen Persönlichkeit des Menschen den Quell der Wahrheit finden. Dann wird Mensch mit Mensch übereinstimmen, so wie alle heute über die mathematischen Wahrheiten übereinstimmen.

Über die anderen Wahrheiten wird gestritten, nicht weil es zwei verschiedene Wahrheiten gibt, sondern weil die Menschen noch nicht so weit gekommen sind, all das niederzukämpfen, was sie an persönlichen Sympathien und Antipathien trennt. Für den, der tiefer in die Natur der Dinge sieht, muss der Mensch sich bis dahin hinaufentwickeln, wo wirkliche Einsicht ist. Da stimmt die Wahrheit der einen Seele mit der Wahrheit der anderen Seele zusammen. Da finden sich in harmonischem Zusammenklang Wahrheit zu Wahrheit und Seele zu Seele. Das ist auch die Gewähr für wahre Brüderlichkeit und Frieden. Wo nur eine Wahrheit, wo nur eine Weisheit ist, da hat man es wie mit einer Geistessonne zu tun.

Denken wir an die Pflanzen: Jede Pflanze wächst der Sonne entgegen, so viele Pflanzen auch die Erdoberfläche bedecken. Nur eine einzige Sonne ist da, die über sie alle strahlt. So wird am Ende der 6. Epoche eine Geistessonne da sein, die sich allen Menschen zuneigt und in jeden einzelnen Menschen einströmt. Das ist die große Perspektive für die Zukunft: In der 6. Epoche wird das Geistselbst alle Menschen überschatten, die sich ihm öffnen, und in der 7. Epoche wird der Lebensgeist in unsere Entwicklung einziehen. Das ist eine ferne Zukunft, die der Mensch jetzt nur ahnen kann.

Die 6. Kulturepoche wird eine wichtige sein, denn sie wird den Menschen mit der gemeinsamen Weisheit auch den Frieden und die Brüderlichkeit bringen – gerade dadurch, dass die Weisheit nicht mehr bloß für einzelne auserlesene Menschen da sein wird, sondern für den ganzen in normaler Entwicklung stehenden Teil der Menschheit. Das

Geistselbst wird sich in sie hinabsenken. Eine Verbindung des niederen Ich mit dem höheren Ich wird dann stattfinden, und das höhere Ich wird das Einende sein. Wir können das eine geistige Ehe nennen, wie es in der christlichen Esoterik immer genannt wurde.

Alle Dinge hängen in der Welt zusammen. Der Mensch kann nicht von sich aus sozusagen die Hände ausstrecken und das Geistselbst, das höhere Ich, zu sich herabziehen. Damit es geschehen kann, dass der Mensch sich mit dem höheren Ich vereinigt, dazu muss Hilfe kommen. Alles, was in späterer Zeit kommen soll, muss vorbereitet werden, ebenso wie das Kind vorbereitet werden muss, wenn es als erwachsener Mensch etwas sein soll. Auch eine Entwicklungsstufe muss ihre Impulse vorbereiten. Was an der Menschheit im 6. Zeitraum geschehen soll, das muss auch vorbereitet werden, und die Kräfte dazu müssen von außen kommen.

Die erste Vorbereitung war ein Wirken des Geistes, der noch nicht in die physische Welt herabgestiegen war. Das war ein Wirken von außen her. Das wird in der Mission des hebräischen Volkes angedeutet. Als Moses von der Weltleitung den Auftrag bekommt: Sag ihnen meinen Namen, da fragt er: In wessen Namen soll ich meinen Auftrag erfüllen? Und er bekommt die Antwort: Der «Ich bin» hat dir den Auftrag gegeben. Das war, als das hebräische Volk den Auftrag bekam, die Menschheit auf den Kommenden vorzubereiten, indem es auf den unsichtbaren, gestaltlosen Gott – auf den «Ich bin» – hinweist. Auf das Empfangen des Gottes des Ich sollte die Menschheit vorbereitet werden.

Während der Vater Abraham noch im Blut wirkt, wird schon auf das hingewiesen, was da kommen soll und ganz auf den physischen Plan hinabsteigen wird. Es wird auf die Kraft des geistigen Vaters hingewiesen, der der Urgrund der Welt ist. Im hebräischen Volk sehen wir die Mission entstehen, der Menschheit den Gott zu übermitteln, der tiefer herabgestiegen und im Fleisch erschienen ist. Das jüdische Volk war dadurch veranlagt, der Menschheit diesen Gott zu übermitteln, dass es das «Manna» in der Wüste empfangen hatte. (Vergleiche hierzu das Wort 8,58: Ehe denn Abraham war, war das Ich bin.)* Die Verkündigung des geistigen Gottes, die durch Moses geschieht, findet ihren Abschluss durch das Erscheinen des Christus selbst. Wir fassen dies als den ersten Abschnitt ins Auge.

Von der 4. und der 5. Epoche wird in die Menschheitsentwicklung der reale Impuls zu der Einigkeit hineingelegt, die in der 6. Epoche in Erscheinung treten soll. Es wird die Kraft hineingesenkt, damit die Früchte dieses Impulses nach und nach herausreifen können. Diese Kraft wirkt weiter bis in unsere Zeit herein. Sie wirkt auch in unserer Zeit, in der die Menschheit am tiefsten in die Materie hinabgestiegen ist. Wir müssen das richtig verstehen, denn jemand könnte fragen: Warum musste das Christentum als unmittelbarer Vorläufer unserer tiefststehenden materialistischen Epoche in die Welt kommen?

Wir können uns denken, was die Menschheit ohne diesen Impuls geworden wäre: Es wäre ihr unmöglich gewesen, die Kräfte zum Aufstieg aus der Materie zu finden. Denken wir uns den Impuls von Golgota weg – die ganze Menschheit wäre in die Dekadenz verfallen, sie wäre, wie der Okkultist sagt, von der Schwere der Materie ergriffen und aus der Entwicklung herausgeworfen worden. Die Menschheit macht einen Ruck hinab in die Materie, und in der Zeit, bevor die niederste Stufe erreicht ist, muss der Impuls kommen, der sie wieder hinaufträgt. Und das ist der Christus-Impuls.

Er musste gerade zu der Zeit kommen. Hätte er früher gewirkt, dann wäre die Menschheit überhaupt nicht zur Materialität gekommen. Denken wir uns diesen Impuls in der altindischen Zeit. Die ganze Menschheit wäre von diesem Impuls durchdrungen worden, aber er hätte sie so ergriffen, dass sie den Weg durch die Materialität nicht hätte machen können. Die Menschen hätten sich durch diesen Impuls noch mehr von der Maja abgewendet. Sie hätten sich mit ihren Seelen noch intensiver zu der geistigen Welt hinaufranken wollen. Sie hätten es noch weniger der Mühe wert gefunden, sich mit der äußeren Welt zu beschäftigen. Unsere Kultur von heute hätte niemals entstehen können.

Ohne das Christentum hätten wir keine Eisenbahnen, keine Telegrafen, keine der Erfindungen und Entdeckungen der Neuzeit. Nichts gäbe es von all der physischen Kultur, wenn der Impuls, den das Christentum gegeben hat, nicht gerade zu jener Zeit gekommen wäre. Niemals wäre aus dem altindischen Volk unsere Kultur hervorgegangen. Es gibt einen geheimnisvollen Zusammenhang zwischen dem Christentum und dem, was heute der Stolz der Menschen ist: die Kulturerrungenschaften und die heutige Wissenschaft. Dadurch, dass das Christentum gewartet hat und zu rechter Zeit eingetreten ist, hat es die äußere materialistische Kultur möglich gemacht. Nur wenn diese Kultur dem Christus-Impuls folgen wird, indem sie sich mit ihm verbindet, kann sie sich wieder aus der Versenkung in die Materie erheben.

Zuerst ist der Materialismus in die religiösen Ideen eingedrungen. Das Christentum hat von seinem Beginn bis zu uns herunter eine verzerrte, materialistische Gestalt angenommen. Ein Beispiel davon bietet die Transsubstantiationslehre (Wandlungslehre). Anstatt die Transsubstantiationsidee des Abendmahls geistig zu erfassen, hat eine grobmaterielle Auffassung der Verwandlung von Fleisch und Blut Platz gegriffen. Selbst die Abendmahlsidee ist vermaterialisiert worden – so wenig hat die neue Zeit das Christentum als geistige Erscheinung verstanden. Zu dem Zeitpunkt, da unsere Epoche beginnt, tritt die Notwendigkeit ein, an das anzuknüpfen, was das Christentum sein soll, damit der wahre geistige Gehalt aus ihm herausgeholt wird.

Das soll durch die theosophische Vertiefung geschehen. Indem wir sie auf das Christentum anwenden, folgen wir einer Evolutionsmission und leben dem neuen Zeitalter entgegen, dem Einströmen des Geistselbst. So ist

- die 1. Epoche die Vorherverkündigung bis zum Erscheinen des Christus;
- die 2. Epoche ist das tiefste Hinabtauchen der Menschheit bis zur Vermaterialisierung des Christentums selbst;
- die 3. Epoche wird die geistige Erfassung des Christentums durch die theosophische Vertiefung sein.

Die Theosophie hätte aber nicht in die Entwicklung einströmen können, wenn nicht eine Urkunde wie das Johannes-

Evangelium den Menschen gegeben worden wäre. Es ist von der materialistischen Zeit nicht verstanden worden, eine solche Zeit kann es auch nicht verstehen. Aber das spirituelle Christentum, das uns durch die Theosophie gegeben wird, wird gerade dieses Dokument des Christentums in seiner Tiefe und in seinem wahren Gehalt verstehen. Dadurch wird das eingeleitet, was uns in die 6. Epoche hinüberführen soll.

Für den Menschen, der eine christliche oder eine christlich-rosenkreuzerische Einweihung erlangt, stellt sich eine ganz besondere Erscheinung dar. Für ihn haben die Dinge immer eine doppelte Bedeutung: Die eine liegt in dem, was sich in der physischen Welt abspielt, die andere in dem, was die Dinge als Fingerzeige für umfassende geistige Geschehnisse sind. So werden wir es verstehen, wenn wir den Eindruck schildern, den derjenige, der das Johannes-Evangelium geschrieben hat, bei einer bestimmten Gelegenheit hatte.

Es gab ein Ereignis im Leben des Christus Jesus – ein Ereignis in der physischen Welt. Derjenige, der es schildert, schildert es als Eingeweihter, daher stellt es für ihn zugleich die Wahrnehmungen und die Erlebnisse während des Einweihungsaktes dar. Denken wir an die gerade beschriebenen drei Epochen. Dreieinhalb Tage lag der Einzuweihende in einem lethargischen Schlaf. An jedem Tag erlebte er etwas anderes in Bezug auf die geistigen Welten.

Am 1. Tag erlebte er bestimmte Geschehnisse in den geistigen Welten. Dem Schreiber des Johannes-Evangeliums hat sich gezeigt, was sich für das hellseherische Vermögen in Bezug auf die Zukunft der Menschheit immer zeigt. Dem Eingeweihten zeigt sich immer ein Zukunftsbild, weil er in die Gegenwart der Menschheit die Kräfte der Zukunft hineinbringen muss. Der Seher erlebt die geistige Bedeutung der Menschheitsentwicklung bis zu dem Moment, wo er die Verkündigung des Moses erkennt. Er erlebt das Ertönen des Wortes: «Ich bin der Ich bin» – bis zum Kommen des verkörperten «Ich bin», des verkörperten Messias. Das ist der erste Tag der Einweihung.

Am 2. Tag erlebt er das Hinabsteigen der Menschheit bis in die Tiefen der Materie.

Am 3. Tag erlebt er, wie die Menschheit zum Empfangen des Geistselbst im 6. Zeitraum vorbereitet wird. Er erlebt in einem astralen Vorgesicht die Hochzeit zwischen dem Menschen und dem Geist.

Das ist das, was als wichtigstes Ereignis kommen wird. Äußerlich wird es der Menschheit dadurch zum Ausdruck

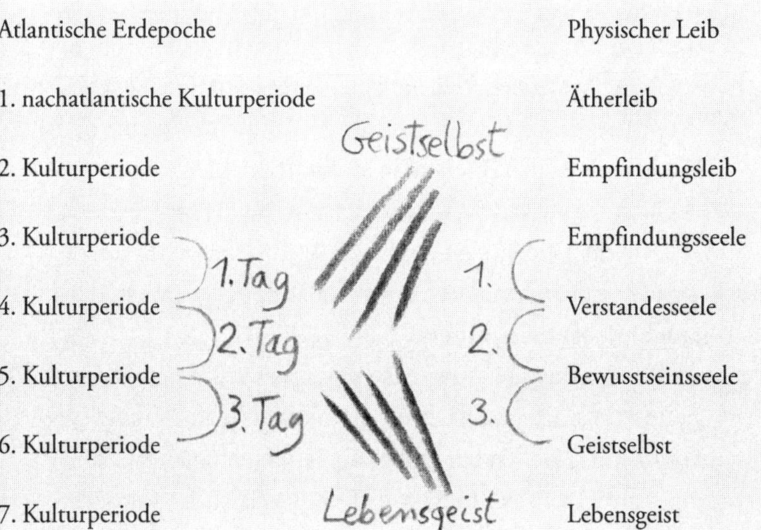

gebracht, dass der Christus in die Zeit, in die Geschichte eingetreten ist. Vor seinem Kommen hat die Menschheit nicht in einer Brüderlichkeit gelebt, in der Friede und Harmonie zwischen Mensch und Mensch herrscht. Vorher gab es nur Blutsverwandtschaft, eine auf dem Materiellen gebaute Liebe.

Die geistige Liebe senkt sich dann mit ihrem Wesen in die Menschheit bis zum Schluss des dritten Tages. Der Mensch feiert die Ehe mit dem Geistselbst. Das kann erst kommen, wenn die Zeit für die volle Verwirklichung des Christus-Impulses gekommen ist. Solange dieser Impuls von der Menschheit noch nicht aufgenommen ist, solange noch Blutsliebe statt Bruderliebe herrscht, so lange ist die Liebe noch nicht vollständig vergeistigt.

Überall, wo in solchen Urkunden von Zahlen die Rede ist, handelt es sich um das Geheimnis der Zahl. So lesen wir: «Am dritten Tag war eine Hochzeit zu Kana» (2,1). Da weiß der Eingeweihte, dass es sich nicht nur um ein Ereignis auf dem physischen Plan handelt, sondern zugleich um eine Prophetie, die sich darin ausdrückt. Der 3. Tag brachte dem Eingeweihten den Blick in die Zukunft der Menschheitsentwicklung. Das ist der große Menschheitsgang bis zur Hochzeit mit dem Geist: von der 3. zur 4. Kulturepoche, von der 4. zur 5. Epoche, und von der 5. zur 6. Epoche. Das sind die drei Epochen oder «Tage».

Der Einfluss des Christus-Impulses muss bis zu diesem Zeitpunkt warten, vorher ist «seine Stunde noch nicht gekommen» (2,4). Vorher gibt es noch Beziehungen zwischen «mir und dir» – so heißt wörtlich der Text. Er sagt, dass vorher noch die Blutsbande wirken. Das ist der eigentliche

Sinn und nicht das Absurde: «Weib, was habe ich mit dir zu schaffen.» Wir müssen den Text nur richtig verstehen, der lautet: «Was mir und dir … meine Zeit ist noch nicht gekommen» – um auf Hochzeiten zu wirken, das heißt, um die Menschen mit dem Geist zusammenzuführen.

Wenn wir diese Urkunde so betrachten, dann hebt sich alles Äußerlich-Reale von einem geistigen Hintergrund ab, und wir schauen in Abgrundtiefen des Geisteslebens hinein. Wenn wir so hineinblicken, finden wir keine hohle Allegorie oder Symbolik, sondern wir finden die astrale Wirklichkeit, die der hellseherische Eingeweihte erlebt. Das hat ein solcher Eingeweihter wie der Schreiber des Johannes-Evangeliums der Menschheit geschenkt. Und er kann es ihr nur schenken, weil der Christus seinen Impuls in die Menschheitsentwicklung hineingeströmt hat. Durch die astrale Wirklichkeit müssen diese Dinge erklärt werden. Das sind keine symbolischen Allegorien, sondern Erzählungen und Berichte dessen, was der Seher in der geistigen Welt erlebt.

Die Menschen verstehen heute noch nicht, um was es sich da handelt. Würden sie es verstehen, dann würden sie wissen, dass das Christentum in seinem Wesen erst durch die theosophische Vertiefung begriffen werden kann. Verkündet ist es im Alten Testament; im Neuen Testament sehen wir, wie es sich nach und nach durch drei Welttage hindurch entwickelt. Und wir sehen unsere Zeit, in der wir stehen, so an, dass wir sagen: Der Impuls, den der Christus der Entwicklung gab, ist so groß, dass die Menschheit, in die er nach und nach einfließt, erst langsam und allmählich dazu kommt, ihn zu verstehen.

Zehnter Vortrag, 2. Teil

Die sieben Stufen der Einweihung

Von der Fußwaschung bis zur Himmelfahrt

Hamburg, 30. Mai 1908

Meine lieben theosophischen Freunde!

Wir wollen unsere Betrachtungen auf eine tiefere Erfassung der «Mutter» und des «Vaters» Jesu zuspitzen, um das Wesen des Christentums im Sinne des Johannes-Evangeliums zu erfassen. Dazu müssen wir uns weiteres Material erwerben, um den Mutter- und den Vaterbegriff in dem geistigen Sinne zu verstehen, in dem er gemeint ist, und der zugleich eine historische Wirklichkeit ist. Zu diesem Zweck müssen wir verstehen, was es heißt, sich mit den höheren Welten zu vereinigen, sie in sich aufzunehmen. Wir müssen das Wesen der Einweihung insbesondere im Hinblick auf das Johannes-Evangelium ins Auge fassen.

Was ist ein Eingeweihter? Es ist jemand, der sich über die äußere sinnliche Welt erhebt und eigene Erfahrungen in den geistigen Welten macht. Er erlebt die geistigen Welten ebenso, wie jeder Mensch durch seine äußeren physischen Sinne die sinnliche Welt erlebt. Ein solcher Eingeweihter ist ein Zeuge der geistigen Welten und ihrer Wahrheiten. Das ist das eine.

Etwas anderes kommt noch hinzu, was jeder Eingeweihte als besondere Eigenschaft erwirbt. Das ist, dass er sich auch über die Gefühle und Empfindungen erhebt, die innerhalb der physischen Welt berechtigt sind, die in ihr notwendig sind. In den geistigen Welten können sie aber nicht in derselben Weise vorhanden sein. Man darf das aber nicht so auffassen, als ob damit gesagt sei, der Eingeweihte soll sich die menschlichen Gefühle und Empfindungen abgewöhnen, die hier Wert haben, und sie gegen andere Gefühle und Empfindungen eintauschen, die in den höheren Welten Wert haben. Er tauscht sie nicht gegen das ein, was er in der physischen Welt hat, sondern er erwirbt sie hinzu.

Wenn der Mensch sich die vergeistigten Empfindungen und Gefühle nach und nach erwirbt, die in den geistigen Welten Wert haben, muss er umso stärker auch jene Gefühle haben, die ihn zur Arbeit in der physischen Welt befähigen. Der Eingeweihte muss ein heimatloser Mensch sein, aber nicht so, als ob ihm Heimat und Familie entfremdet werden sollten, sondern die Gefühle und Empfindungen, die er in der physischen Welt im Zusammenhang mit Familie und Heimat hat, sollen durch die Aneignung der Empfindungen der geistigen Welten eine feinere Art der Ausbildung erfahren.

Ein heimatloser Mensch muss er werden. Ohne diese Eigenschaft kann niemand die Einweihung erlangen. Und was heißt heimatlos sein? Heimatlos sein heißt: Der Mensch darf keine Spezialsympathien entwickeln, die ähnlich jenen sind, die die Menschen für einzelne spezielle Gebiete und Zusammenhänge haben. Der Mensch gehört zu einer Familie, er gehört zu einem Staat, zu einer Religionsgemeinschaft – das ist recht so. Er braucht nichts zu verlieren in der physischen Welt. Aber wenn er die Gefühle, die Empfindungen, die in diesen Zusammenhängen zu Recht bestehen, in der geistigen Welt anwenden wollte, wo alles vergeistigt sein muss, dann wäre das eine schlimme Mitgift. Für nichts darf der Mensch eine spezielle Vorliebe haben, alles muss er nach dem im Objekt selbst gelegenen Wert auf sich wirken lassen.

Ein objektiver Mensch im vollen Sinne des Wortes muss der Eingeweihte werden. Wenn er dem, was in einem Zusammenhang mit ihm steht, in der gleichen Weise gegenübersteht wie dem, was außerhalb eines solchen Zusammenhangs zu ihm steht, dann ist er ein heimatloser Mensch geworden. Die Menschheit ist, gerade durch ihre Entwicklung auf unserer Erde, aus einer ursprünglichen «Heimatlosigkeit» herausgetreten. Sie ist aus einer geistigen Sphäre herabgestiegen, in der es nichts von besonderen Zusammengehörigkeiten oder Gemeinschaften gab. Der Mensch ruhte da in einem Allgemeinen.

Als er aus dieser Sphäre herabstieg, da bevölkerte ein Teil der Menschen dieses Gebiet der Erde, ein anderer Teil jenes Gebiet der Erde. Der Mensch wurde ein Abklatsch dieses oder jenes Gebietes. Der Schwarze wurde so durch die Anpassung an sein Erdgebiet, und ebenso der Weiße. Und auf dieselbe Weise sind die kleineren Unterschiede und Einteilungen nach Völkern entstanden. Die Menschen haben sich an das Erdgebiet angepasst, weil sie auf den physischen Plan hinabgestiegen sind. Sie haben in ihr Antlitz, in ihre Physiognomie etwas aufgenommen, was mit der physischen Welt zusammenhängt.

Dadurch, dass die Menschen sich spezialisieren, spezialisieren sie sich auch der Liebe nach. Wir kommen da auf die Liebe, die sich in kleinen Gemeinschaften entwickelt. Das ist der Beginn der Entwicklung der Liebe, die die Erde als ihre Mission erhalten hat. Die Erde entwickelt sich durch den Christus zu der Liebe hin, die sich im Laufe der Zeit durch den Einschlag des Geistselbst entwickeln wird.

Der Eingeweihte muss in die Zukunft hineinarbeiten, er muss sie vorwegnehmen. So muss er auch das vorausnehmen, wonach die Menschheit sich entwickelt. Alle Schranken müssen überbrückt werden, die zwischen Mensch und Mensch bestehen. Der Eingeweihte muss in seiner Heimatlosigkeit den Keim zu dem großen Liebesziel der Menschheit aufnehmen, zur allgemeinen Bruderliebe und Harmonie. Er wird als Wanderer geschildert, der heimatlos über die Erde zieht – denken wir an Pythagoras –, damit er mit seinen Gefühlen objektiv wird und allen Menschen gleichartig gegenübersteht. Das Christentum soll den Impuls bringen, der ganzen Menschheit die Bruderliebe zu geben, zuerst in die ganze Menschheit das auszugießen, was dann die Menschen selbst entwickeln sollen.

Fassen wir jene tiefe Idee, dass der Christus der Geist der Erde ist, dass die Erde der Leib oder das Kleid des Christus ist, und nehmen wir das wiederum ganz wörtlich. Was erfahren wir über das Kleid der Erde, wenn wir die Menschheitsentwicklung überblicken? Das Kleid der Erde, das heißt die festen Teile der Erde, wurden getrennt. Der eine ergriff Besitz von einem Stück, der andere von einem anderen

Stück. Der Besitz, das heißt die Erweiterung der Persönlichkeit durch Zugehörigkeitsobjekte, ist das, was das Kleid geteilt hat, das der Christus trägt. Nur eines kann nicht geteilt werden, das ist die Lufthülle, das heißt die Verkörperung des Ich. Denn im Hauch der Luft haben wir die erste Anlage des Ich in dem physischen Leib erhalten, was in der Genesis (1. Buch Mose) durch die Worte ausgedrückt ist: «Gott blies dem Menschen den Odem ein und er ward eine lebendige Seele», das heißt ein Ich.

Im Johannes-Evangelium heißt es (19,23): «Sie verteilten seine Kleider, der Rock aber war ungenäht von oben an gewirkt durch und durch». Den Rock konnten sie nicht zerteilen. Das zeigt recht deutlich und gibt es sinnbildlich, wie die ganze Erde samt Lufthülle das Kleid des Christus ist, der der Geist der Erde ist. In Kontinente, in einzelne Landstriche, ist das Kleid zerteilt. Der Rock aber, die Luft, gehört allen Menschen gemeinsam. Und diese Luft ist das äußere Sinnbild für die den Erdkreis umspielende Liebe, die die Menschen nach und nach in sich aufnehmen werden.

In vieler anderer Beziehung muss das Christentum die Menschen dahin bringen, etwas von den alten Einweihungsprinzipien aufzunehmen. Um das zu verstehen, müssen wir das Charakteristische der Einweihung verstehen. Dazu genügt, wenn die drei Haupttypen beschrieben werden: die alte Yoga-Einweihung, die speziell christliche Einweihung und die Einweihung, die für die heutige Menschheit passend ist: die christlich-rosenkreuzerische Einweihung. Wir wollen das Prinzip ins Auge fassen, das für alle drei gilt und wir fragen: Wie verläuft die Einweihung? Was ist sie? Was stellt sie dar? Wodurch wird der Mensch fähig, in die geistigen Welten hinaufzuschauen?

Da gilt als Vorfrage: Wodurch hat der Mensch gelernt, seine physischen Organe zu gebrauchen? Das waren anfänglich indifferente, gleichgültige Organe, aus denen allmählich das Auge und das Ohr herausplastiziert sind. Diese sind in die Substanz des physischen Leibes plastisch hineingearbeitet. So entstand nach und nach für den Menschen die Welt der Farben und der Töne. Sie war vorher für den Menschen nicht da. Erst als er durch diese herangebildeten Organe sie wahrnehmen konnte, war sie für ihn da. Niemand kann sagen, eine Welt sei nicht wirklich, sie sei nicht vorhanden. Jeder kann nur sagen: Ich habe keine Organe, um sie wahrzunehmen.

Die Wahrnehmung der höheren Welten beruht darauf, dass solche Wahrnehmungsorgane in die höheren Wesensglieder des Menschen eingebaut werden. Der physische Leib ist heute schon herausmodelliert in seinen Organen. Auch in den höheren Gliedern des Menschen sind Organe angelegt, die herausmodelliert, die herausplastiziert werden können. Sind sie erst ausgebaut, dann kommt die Wahrnehmung in den höheren Welten zustande. Bei dem, der die Einweihung erhält, sind diese Organe herausmodelliert. Wie macht man das?

Es handelt sich darum, dass man den Astralleib des Menschen da abfasst, wo er in seiner Reinheit zu haben ist. Während des Tages, wo er in den physischen Leib getaucht ist, wirken auf ihn die Kräfte des physischen Leibes. Wir können dann nichts mit ihm anfangen. Wir müssen versuchen, ihn dann zu modellieren und zu bearbeiten, wenn er im Schlaf aus dem physischen Leib heraus ist.

Es erscheint als ein Widerspruch, dass der Mensch während des Schlafes arbeiten soll. Dem ist aber nicht so, das haben wir nicht so zu denken. Direkt geht das nicht, aber indirekt können wir auf den Astralleib einwirken – dadurch, dass wir während des Tagwachens auf den physischen Leib einwirken. Der Eindruck, den dieser erhält und dem Astralleib mitteilt, der bleibt, wenn im Schlaf der Astralleib den physischen Leib verlässt. Man muss während des Tageslebens mit dem physischen Leib etwas ganz Spezifisches anfangen, damit sich etwas in ihn und dann auch in den Astralleib hineindrückt.

Der Mensch darf nicht in den Tag hineinleben und nur zufällig die Eindrücke in sich aufnehmen, sondern er muss durch eine methodische Schulung in vorgeschriebener Art sein inneres Leben in die Hand nehmen. Das geschieht durch Meditation, Konzentration und andere Übungen, die ebenso streng in der entsprechenden Schulung vorgeschrieben sind, wie in einem Labor die Art des Mikroskopierens. Diese Übungen wirken so intensiv auf den Menschen, dass, wenn der Astralleib in der Nacht herausschlüpft, er sich im Sinne der Meditation plastisch umgestaltet.

Wie eine plastische Materie folgt der Astralleib der Umgestaltung und den Eindrücken des physischen Leibes, wenn er in ihm ist. Ist er nachts heraus, dann folgt er den Kräften, die in ihm selbst angelegt worden sind. Wir müssen während des Tagwachens jene geistigen Verrichtungen vornehmen, die den Astralleib so beeindrucken, dass er sich plastisch umgestaltet. Wenn er dann aus dem physischen Leib heraus ist, gestalten sich in ihm daraus die neuen Organe.

Man kann diese Übungen in dreifacher Weise einrichten. Nimmt man mehr Rücksicht auf das Gedankenelement des Menschen, so ist das die Yoga-Schulung. Wirkt man mehr auf die Ausbildung der Gefühle, so ist das die speziell christliche Schulung, die eine zeitweilige Isolation verlangt. Die christlich-rosenkreuzerische Schulung wirkt mehr auf Gefühl und Wille. Man kann sie durchführen, ohne seine heutigen Tagespflichten zu verletzen oder zu beeinträchtigen.

Wir wollen heute die speziell christliche Einweihung berücksichtigen, die ausschließlich mit den Gefühlen arbeitet. Sie besteht aus sieben Gefühlsstufen, aus sieben Gefühlserlebnissen. Das Johannes-Evangelium ist das Dokument, das diese christlich-okkulte Schulung enthält. Der große Lehrer dieser Schüler ist der Christus Jesus selbst. Im innerlichen Erleben des Johannes-Evangeliums besteht diese Schulung – es genügt nicht, es zu lesen. Wer es wahrhaft in sich aufnimmt, der erkennt den Christus Jesus und braucht keine Beweise für seinen Glauben.

Vor allem sind die ersten fünf Verse des Johannes-Evangeliums ein Meditationsstoff. Wir müssen sie nicht nur lesen und verstehen, sondern in einem dynamischen Zustand in uns aufnehmen. Jeden Tag, morgens und abends, in diesen Sätzen leben, und nicht nur einige Tage und Wochen, sondern immer wieder, jahrelang, in absoluter Geduld und

Ausdauer, muss man das Meditieren dieser Sprüche durchmachen. Wer dies in der beschriebenen Weise durchführt, der erlebt durch diese Wunderworte eine innere Umwandlung. Er wird durch sie hellsichtig.

Der Schüler kann das ganze Johannes-Evangelium astral lesen. Er erlebt es vom 13. Kapitel an okkult (geistig). Er fängt immer mit den ersten fünf Versen des 1. Kapitels an, und lässt dann jedes einzelne Kapitel auf sich wirken. In der ersten Woche nimmt er die ersten fünf Verse mit dem 1. Kapitel durch, in der zweiten Woche die ersten fünf Verse mit dem 2. Kapitel – und so fort bis zum 12. Kapitel. Er wird dann bis in die Akasha-Chronik geführt. Er erlebt alles, was der Christus Jesus erlebt und gelitten hat.

Der Schüler sieht dann die im 13. Kapitel beschriebene Fußwaschung. Er erlebt, wie Jesus den Jüngern die Füße wäscht. Der Herr neigt sich zu dem Niedrigeren. Wir müssen diese Demut verstehen lernen, sie uns zu eigen machen und selbst in die Tat umsetzen. Die ganze Natur spricht von ihr: Die Pflanze neigt sich zum Stein hinab und dankt ihm, dass er ihr den Boden gibt. Das Tier neigt sich zur Pflanze, die ihm Nahrung gibt. Und der Mensch neigt sich in Dankbarkeit zur Natur, die ihm so viel Herrliches und Großes täglich darbietet.

Der geistig Höherstehende hat sich in Demut und Dankbarkeit zu dem Niedrigstehenden zu neigen, denn ohne dessen Arbeit wäre ihm sein eigenes Schaffen unmöglich. Wir haben die Stufenfolge der Naturreiche und der ganzen Menschheit, die bis zu dem Christus Jesus reicht. Der Christus nennt die Apostel seine Diener. Er sagt: Diese

Zwölf sind mir notwendig. An ihnen erfüllt er den großen Satz des Evangeliums: Wer der Größte im Himmelreich sein will, der muss aller Diener sein.

So sehen wir überall das demütige Sichneigen des Höheren zum Niederen. Wer dieses Durchdrungensein mit der Alldemut zur herrschenden Empfindung in sich entwickelt, der liest das 13. Kapitel im rechten Sinne. Hat der Schüler diese Lehre der Demut ganz in sich zum Leben gebracht, so ist er befähigt,

1. die *Fußwaschung* an sich selbst zu erleben. Zwei Symptome, ein äußeres und ein inneres, treten bei ihm als Zeichen auf, dass er diese Stufe erreicht hat. Er hat tagelang das Gefühl, als ob seine Füße vom Wasser umspült würden. Das innere Zeichen ist eine astrale Vision. Er sieht sich selbst einer Anzahl von Menschen die Füße waschen. Jeder Schüler, der diesen Entwicklungsgang geht, hat die gleiche Empfindung und die gleiche Vision der Fußwaschung, wenn er diese Stufe erreicht.

2. Die *Geißelung:* Man muss sich besonders das Gefühl ausbilden, alles Ungemach des Lebens, alle Geißelhiebe, die man empfängt, auszuhalten und ohne Wanken und Schwanken festzustehen. Das äußere Symptom ist hier das Empfinden eines punktweisen Schmerzes am ganzen Körper. Das innere Symptom zeigt sich so, dass man in einer Vision sich selbst gegeißelt sieht.

3. Die *Dornenkrönung:* Hier heißt es, das Gefühl auszubilden, dass man selbst Hohn, Spott und Verachtung zu tragen imstande ist, wenn es notwendig ist. Das äußere Symptom sind drückende Kopfschmerzen, die man tage-

lang erlebt. Das innere ist: das Sichselbstsehen mit der Dornenkrone auf dem Kopf in der Traumvision.

4. *Kreuztragung* und *Kreuzigung:* Man bildet das Gefühl aus, dass man den eigenen Körper nur noch wie ein Objekt empfindet, wie ein Stück Holz, das man wie einen fremden Leib an sich hat. Wir tragen ihn als Holz des Kreuzes. Dies ist nicht mit Kasteiung oder Vernachlässigung unseres Körpers zu verwechseln, im Gegenteil: Wir sollen ihn so gut wie möglich erhalten, aber ihn als Objekt betrachten. Auch hier erscheint ein äußerliches und ein innerliches Symptom. Das Erstere tritt zur Zeit der Meditation an den Stellen des Körpers als Stigmata (στίγματα) auf, wo der Christus die Nägelmale hatte. Das andere ist, dass man in der Vision sich selbst das Kreuz tragen und die Kreuzigung erleben sieht.

5. Der *mystische Tod:* Dieser Tod besteht darin, dass der Mensch dem Irdischen ganz abstirbt. Er erlebt als astrale Vision Finsternis über der Welt. Er sieht einen schwarzen Vorhang, der sich vor ihm ausbreitet. Die Welt ist für ihn wie verschwunden. Er lernt alles erkennen, was Böses und Schlechtes im Menschen ist. Er steigt hinab in die Hölle. Dann erlebt er, dass der Vorhang entzweigerissen wird und in der Vision erscheint ihm die geistige Welt in ihrer ganzen Glorie.

6. Die *Grablegung:* Wir müssen das Gefühl ausbilden, dass alles, was uns in der Welt umgibt, zu unserem eigenen Körper gehört, ein Bestandteil von uns ausmacht. Wir sind nicht mehr abgesondert, sondern die Erde und alles, was auf ihr ist, ist unser Körper geworden. Wir fühlen uns in die Erde gebettet, wir sind in ihr begraben. So erleben wir an uns selbst die Grablegung.

7. Die *Auferstehung:* Diese kann nur von dem erlebt werden, der seine Seele vom Gehirn frei machen kann, der sie von den Funktionen dieses Organs ganz loslösen kann. Es ist ein Gefühl, das zu erhaben ist, um beschrieben zu werden. Es kann unmöglich mit alltäglichen Worten geschildert werden.

Der christliche Lehrer führt den Schüler diesen Weg. Das Christus-Ereignis soll ein innerliches Erlebnis seiner Seele werden. Er soll mit dem Christus ganz vereinigt sein. Hat er dies erreicht, so hat er die christlich-esoterische Entwicklung vollendet. Er hat das Johannes-Evangelium erlebt.

XI.

Wir haben das letzte Mal besprochen die Veränder
die im Astralleib vorgehen durch Concentration, Medita
etc., aus dem Astralleib werden durch diese Art der
Übung herausgearbeitet nach u. nach die Organe,
die ihn befähigen in die geistige Welt hineinzu
schauen. Das große Prinzip, was bei dieser Bearbei
tung angewendet wird, ist im Großen u. Ganze
immer dasselbe, wenn es sich auch nach der jeweilig
Kulturperiode richten muß. Eine Verschiedenheit
gibt es erst dann, wenn das nächste was nun kommen
muß, eintreffen soll.
Damit der Mensch wirklich in die höheren Welten
hinaufkommen kann, ist notwendig, daß sich
abdrückt im Ätherl. das, was vorbereitet worden
ist im Astralleib, nämlich die herausgearbeitete
geistigen Organe. Mit einem alten Ausdruck
nennt man diese Bearbeitung Katharsis d.h. Re
nigung. Diese hat das Ziel alles aus dem Astralleib hin

Elfter Vortrag

Die Jungfrau Sophia und der Heilige Geist

«Das Ewig-Weibliche zieht uns hinan»

Hamburg, 31. Mai 1908

Meine lieben theosophischen Freunde!

Wir haben das letzte Mal (gestern) die Veränderung besprochen, die im Astralleib durch Meditation, Konzentration und so weiter vorgeht. Aus dem Astralleib werden durch diese Art der Übung nach und nach die Organe ausgearbeitet, die ihn befähigen, in die geistige Welt hineinzuschauen. Das große Prinzip, das bei dieser Bearbeitung angewendet wird, ist im Großen und Ganzen immer dasselbe, auch wenn es sich nach der jeweiligen Kulturperiode richten muss. Eine Verschiedenheit beginnt erst dann, wenn das Nächste eintreffen soll, was nun kommen muss.

Damit der Mensch in die höheren Welten hineinkommen kann, ist notwendig, dass die ausgearbeiteten geistigen Organe, die im Astralleib vorbereitet worden sind, sich im Ätherleib abdrücken. Mit einem alten Ausdruck nennt man diese Bearbeitung «Katharsis» (καθάρσις), das heißt Reinigung. Diese hat das Ziel, alles aus dem Astralleib hinauszuwerfen, was ihn hindert, harmonisch und geregelt zu sein. Er ist zur Ausbildung der genannten Organe veranlagt. Er muss nur die Kräfte bloßlegen und freimachen, die in ihm sind. Und es gibt verschiedene Methoden, um sie herauszubringen.

Sehr weit kann der Mensch in dieser Katharsis kommen, wenn er all das, was in meiner *Philosophie der Freiheit* gesagt ist, auf sich wirken lässt und die Anordnung der Gedanken, genau so, wie sie in dem Buch ist, in sich selbst reproduziert. Es verhält sich ein wahrer Interpret dieses Buches wie der Virtuose, der auf dem Instrument die Gedanken des Komponisten reproduziert. Der Mensch kann schon durch die in sich streng gegliederte Gedankenfolge dieses Buches, wenn er sie ganz in sich erlebt, die Katharsis herbeiführen.

Es kommt bei solchen Dingen alles auf die richtige Handhabung an, damit die Kräfte zur Wirksamkeit gelangen. Die Gedanken sind in diesem Buch so gesetzt, dass sie wie ein Organismus sind. Kein Gedanke darf früher oder später als an die Stelle gesetzt werden, wo er ausgesprochen ist. Es darf die Gedankenfolge nicht beliebig vertauscht werden, wie wir auch nicht bei einem Hund die Hinterbeine mit den Vorderbeinen vertauschen dürfen.

Um die Katharsis herbeizuführen, kommt aber noch ein anderes in Betracht, nämlich, dass wir gründlich und energisch verfahren. In den vorchristlichen Mysterienschulen wurde, nachdem die Katharsis eingetreten war – das heißt, nachdem im Astralleib die Sinnesorgane ausgebildet waren, wozu der Schüler bestimmte Vorübungen oft jahrelang machen musste –, es wurde der Zeitpunkt als gekommen erachtet, wo der Astralleib so weit ausgebildet ist, dass er die Sinnesorgane in den Ätherleib abdrucken kann. Dazu musste sich der betreffende Schüler einer Prozedur unterwerfen, die heute nicht mehr notwendig und auch nicht mehr ausführbar ist.

Der Schüler wurde während dreieinhalb Tagen in einen lethargischen Zustand gebracht und so behandelt, dass nicht nur das bei ihm eintritt, was jede Nacht während des Schlafzustandes bei jedem Menschen eintritt, sondern es wurde auch sein Ätherleib aus dem physischen Leib herausgeholt. Es musste Sorge getragen werden, dass der physische Leib dabei intakt bleibt und nicht stirbt. Wenn der Ätherleib von den Kräften des physischen Leibes befreit ist, weil er diesen verlassen hat, ist er fähig, dass man in ihn all das hineinsenken kann, was im Astralleib an geistigen Sinnesorganen ausgebildet worden ist. Er erhält einen plastischen Abdruck des ganzen Astralleibes.

Wenn dann durch den Hierophanten der Betreffende in seinen Normalzustand zurückgeführt wird, dann ist für ihn nicht nur Katharsis, sondern auch Photismos (φωτισμός), das heißt die Erleuchtung eingetreten. Der Betreffende kann in der Welt um sich herum, in unserer physischen Welt, nicht nur die physisch-sinnlichen Dinge, sondern auch das Geistige sehen. Er kann seine geistigen Organe gebrauchen, wenn er diese zwei Vorgänge – Reinigung und Erleuchtung: καθάρσις und φωτισμός – in seiner Wesenheit durchgemacht hat.

Im Laufe der Menschheitsentwicklung trat nach und nach für den Menschen eine solche Phase ein, dass es unmöglich wurde, ohne Störung aller Funktionen des physischen Leibes den Ätherleib aus ihm herauszubringen, weil die nachatlantische Zeit den Ätherleib immer mehr in dem physischen Leib festigte. Dies ergab die Notwendigkeit, andere Methoden zu finden, die dasselbe bewirken, aber den

Ätherleib nicht vom physischen Leib trennen. Es musste zu diesem Zweck der Astralleib ganz besonders entwickelt werden, damit er durch die Kräfte der gewonnenen Reinigung fähig gemacht wird, trotz des Hindernisses des physischen Leibes von selbst den Abdruck in den Ätherleib zu leisten. Es kommt dabei darauf an, dass stärkere Kräfte innerhalb des Astralleibes wirken, die durch Meditation, Konzentration und andere Übungen erzielt werden. Es werden stärkere Impulse ausgelöst, damit das Hindernis des physischen Leibes überwunden werden kann.

Zunächst kommt da die spezifisch christliche Einweihung in Betracht. Der Mensch, der sich dieser Einweihung unterzieht, muss sich einer Prozedur unterwerfen, die in der Entwicklung von sieben Stufen von Gefühlen besteht. Wenn der Mensch diese Gefühlsentwicklung durchmacht, wird sein Astralleib so intensiv bearbeitet, dass er seine Wahrnehmungsorgane plastisch umformt und die Möglichkeit erhält, diese Organe in den Ätherleib einzudrücken und dadurch den Menschen zu einem Erleuchteten zu machen. Wir würden diese Art von Einweihung ausführlich nur beschreiben können, wenn wir zwei Wochen und mehr darüber sprechen würden. Gewisse wichtige Einzelheiten des christlichen Einweihungsweges haben wir schon gestern angedeutet. Darauf kommt es aber jetzt nicht an, wir wollen uns nur mit dem Prinzip bekannt machen.

Dadurch, dass der Mensch eine solche Schulung durchmacht, ist er in der Lage, ohne die dreieinhalb Tage lethargischen Schlafes die Einweihung zu erlangen. Der christliche Schüler meditiert fortdauernd über die ersten Sätze des Johannes-Evangeliums bis zu «Hingabe und Wahrheit» (1,14). Er lässt sie jeden Tag auf sich wirken. Dies ist eine bedeutsame Meditation, denn diese Sprüche haben, wenn sie nicht nur gelesen, nicht nur mit dem Verstand erfasst, sondern erlebt werden, eine Kraft in sich, die der Einweihung zu Hilfe kommt und für sie arbeitet. Sie müssen zu einer inneren Vision werden, die ganz entsprechend den Vorgängen ist, die im Johannes-Evangelium vom 13. Kapitel an geschildert werden.

Die rosenkreuzerische Initiation ist bestrebt, obwohl sie auch auf christlichem Boden steht, statt mit Gefühlen, mehr mit sinnbildlichen Vorstellungen die Reinigung herbeizuführen, namentlich mit Bildern, mit der Imagination. Diese Art der Einweihung ist modifiziert und dem angepasst, was die um ein Stück weiter fortgeschrittene Menschheit heute zu ihrer Entwicklung braucht.

Wir müssen verstehen, dass der Mensch durch eine solche Einweihung ein anderer wird als der, der er vorher war. Früher hatte er nur Umgang mit Wesen der physischen Welt, jetzt erlangt er die Fähigkeit, ebenso mit Wesen der geistigen Welt umzugehen. Dies setzt voraus, dass der Mensch die Erkenntnis in einem viel realeren Sinne erlebt, als in jenem abstrakten, um nicht zu sagen prosaischen Sinne, wie wir gewohnt sind, von ihr zu sprechen. Wer geistige Erkenntnis erlangt, für den ist der Erkenntnisprozess etwas ganz anderes. Er ist die Verwirklichung des alten Spruches: O Mensch, erkenne dich selbst!

Dieser Spruch muss aber richtig verstanden werden. Gefährlich ist es, ihn falsch aufzufassen. Manche legen ihn so aus, dass sie nicht mehr in die Welt, sondern nur in ihr eigenes Innere gaffen und alles Geistige im eigenen Inneren suchen. Das bedeutet aber der Spruch nicht. Höhere Erkenntnis erlangen heißt, eine Entwicklung von einem Standpunkt zu einem anderen durchzumachen, den man noch nicht erreicht hat. Mancher glaubt, durch Hineinbrüten in sein Inneres Erkenntnis zu erlangen, aber was er da findet, ist nur das eigene niedere Ich, das schon da ist.

Dieses Innere ist nur der eine Teil, der zur Erkenntnis wichtig ist. Der andere Teil muss neu hinzukommen, ohne diesen zweiten Teil geht es nicht. Das Innere kann zur Erkenntnis seiner Selbst nur kommen, wenn es in sich die Organe entwickelt, mit denen es Erkenntnis erlangt. Aber es muss nach dem äußeren Geistigen blicken, damit es die innere Kraft zum Erkennen erhält, ganz ebenso wie unser physisches Auge durch das äußere Licht gebildet und für das Licht empfänglich gemacht worden ist, wie Goethe sagt.*

Der Begriff Erkenntnis hatte in den Zeiten, wo man das Geistige als etwas Reales auffasste, eine ganz andere Bedeutung. In der Bibel heißt es: «Adam erkannte sein Weib» – das heißt, er befruchtete sein Weib. Erkenntnis fiel mit dem Begriff der Befruchtung zusammen. Wenn man sagt: Erkenne dich selbst, so heißt das nicht, gaffe in dein Inneres, sondern: Nachdem du dein Inneres zuerst durch die Reinigung vorbereitet und in ihm die höheren Erkenntnisorgane gebildet hast, befruchte es mit dem Inhalt der geistigen Welt. Öffne dein Inneres den Eindrücken, die dir aus der geistigen Welt zuströmen.

Das Innere des Menschen dürfen wir mit dem Weiblichen vergleichen, die äußere Welt mit dem Männlichen. Das Weibliche, das Innere, muss empfänglich gemacht werden zur Aufnahme des Äußeren. Dann strömt das höhere Selbst in das Innere hinein. Nicht beim gewöhnlichen Menschen ist das höhere Selbst, sondern bei Saturn, Sonne und Mond ist das höhere Selbst. Das höhere Ich ist im Kosmos ausgegossen. Dieses Ich muss der Mensch auf sich wirken lassen. Er muss das Kosmos-Ich auf sein vorbereitetes Inneres wirken lassen. Veredelt und geläutert, der Reinigung unterworfen muss sein Astralleib werden, dann kann er erwarten, dass das äußere Geistige zu seiner Erleuchtung in ihn einströmt. Was eintritt, das ist, dass der Mensch seine entwickelten Organe in den Ätherleib eindrückt und dadurch imstande ist, die geistige Welt wahrzunehmen, die auf ihn einströmt – aus dem Kosmos das kosmische Ich herauszusaugen.

Die christliche Esoterik nennt den Astralleib, der sich der Reinigung unterworfen hat, der nicht mehr in den unreinen Eindrücken der physischen Welt lebt, sondern die reinen, höheren Erkenntnisorgane in sich enthält: die reine, keusche, weise Jungfrau Sophia. Durch all das, was der Mensch durch die Reinigung aufnimmt, läutert er seinen Astralleib zur Jungfrau Sophia. Dieser kommt das kosmische Ich entgegen, das die Erleuchtung bewirkt, das macht, dass der Mensch das geistige Licht um sich herum hat.

Das Zweite, was zu der Jungfrau Sophia hinzukommt, nennt der christliche Esoteriker den Heiligen Geist. Sodass man im christlich-esoterischen Sinne sagt: Der christliche

Esoteriker erreicht die Reinigung seines Astralleibes zur Jungfrau Sophia und diese wird überschattet – wir können auch sagen: überleuchtet – vom Heiligen Geist, von dem kosmischen Ich.

Wer so erleuchtet ist, wer den Heiligen Geist in sich aufgenommen hat, der redet in einer anderen Art. Indem er von Saturn, Sonne und Mond oder von den menschlichen Leibern redet, sagt er darüber nicht seine Ansicht oder seine Meinung – die kommen dabei gar nicht in Betracht –, sondern die geistige Wesenheit des Saturn, der Sonne und so weiter redet aus ihm. Sein Ich ist untergegangen, ist unwesentlich geworden, und das kosmische Ich bedient sich seiner als Werkzeug, um durch ihn zu sprechen. Damit eine wirklich esoterische Weltanschauung zustande kommt, darf es keine persönlichen Ansichten oder Anschauungen geben.

Eine richtige Gesinnung, wenn sie von zwei Pferden auf der Straße redet und diese beschreiben will, redet nicht von ihrer eigenen Anschauung, sondern sie beschreibt die zwei Pferde ganz unpersönlich. Sie gibt nur die Tatsachen wieder. Es handelt sich darum, dass mit Ausschluss jeder eigenen Meinung die Tatsachen geschildert werden. Ein wirklich theosophisches Lehrsystem muss zur Folge haben, dass die Ansichten und Anschauungen des Erzählenden mit der Erzählung nichts zu tun haben.

So haben wir zwei Begriffe der Einweihung in ihrer geistigen Bedeutung kennengelernt: die Jungfrau Sophia – den geläuterten Astralleib – und den Heiligen Geist – das kosmische Ich. Dieses wird von der Jungfrau Sophia empfangen und spricht dann aus dem Astralleib des Betreffenden heraus. Wenn wir vom heutigen Menschen sprechen, so können wir sagen, dass er sich durch die Einweihung dieses erwirbt: Er läutert seinen Astralleib zur Jungfrau Sophia, die dann den Heiligen Geist, die Erleuchtung, empfängt.

Eine noch höhere Entwicklungsstufe ist es, wenn man jemandem helfen kann, wenn man ihm den Impuls geben kann, beides zu erlangen. Die Menschen unserer Evolutionsphase können die Jungfrau Sophia in der geschilderten Weise erlangen und den Heiligen Geist nur empfangen. Geben kann ihn nur der Christus. Dadurch, dass er auf die Erde herniedergestiegen ist, hat er dem geistigen Teil der Erde die Kräfte eingeimpft, die es möglich machen, dass geschehen kann, was in der christlichen Einweihung geschildert wird. Wie ist das geschehen?

Wir müssen zweierlei zum Verständnis herbeitragen. Das Erste ist etwas rein Geschichtliches: die Art und Weise der Namengebung. Diese war zur Zeit der Evangelienschreiber eine ganz andere als heute. Die Menschen von heute verstehen nicht das alte Prinzip der Namengebung. Es ist schwierig zu erklären, wie das Prinzip der Namengebung war, aber wir können es uns verständlich machen, indem wir es skizzenhaft andeuten.

Wenn wir bei einem Menschen nicht bei dem Namen stehenbleiben, den er auf dem abstrakten Weg erhält, der heute üblich ist, sondern auf seine hervorragendsten Eigenschaften achtgeben, auf das, was hervorstechend an seinem Charakter ist und die tiefere Grundlage seines Wesens erforschen und ihm den Namen nach seiner wichtigsten

Eigenschaft geben, dann würden wir es auf einer elementaren Art so machen, wie der Schreiber des Johannes-Evangeliums und alle es gemacht haben, die im Sinne des Johannes-Evangeliums Namen gegeben haben.

Er hat die äußere, geschichtliche Mutter Jesu auf ihre hervorstechendsten Eigenschaften angesehen und er hat sich gesagt: Wo finde ich einen Namen, der ihr Wesen charakterisiert? Er fand in ihr auf der geistigen Höhe, auf der sie stand und die sie durch frühere Inkarnationen erlangt hatte, einen Ausdruck dessen, was man in der christlichen Esoterik Jungfrau Sophia nennt. So hieß sie immer in den christlich-esoterischen Schulen. Exoterisch (äußerlich) lässt er sie ungenannt gegenüber denen, die den profanen Namen nennen. Für die, die lesen können, ist es bedeutsam, dass er ihr neben ihrer Schwester Maria (Kap. 19,25) nur den Namen «Mutter Jesu» gibt. Den Namen der Mutter Jesu nannten die christlichen Esoteriker erst in den Mysterienschulen, und sie bezeichneten sie als Jungfrau Sophia.

Wollen wir jetzt weiter in das Wesen des Christentums eindringen, so müssen wir unterscheiden zwischen dem, was man in der christlichen Esoterik Jesus von Nazareth nennt, und dem, was man «Christus» nennt – den Christus in dem Jesus von Nazareth. Wir haben es zunächst mit einer historischen Persönlichkeit zu tun, die da wandelte bis zum 30. Jahr in Palästina: mit einem hochentwickelten Menschen, der durch viele Inkarnationen auf einer so hohen Entwicklungsstufe stand, dass der Schreiber des Johannes-Evangeliums seine Mutter die reine Jungfrau Sophia nennen durfte. Das bedeutet eine hohe Stufe der Geistigkeit.

Die Schreiber der anderen Evangelien, die nicht in so hohem Maße wie der Schreiber des Johannes-Evangeliums erleuchtet sind, sehen nicht in alle geistigen Zusammenhänge hinein. Ihre Augen sind mehr für das sinnliche Ereignis offen. Sie sehen in die physische Welt und sehen in Jesus eine hochentwickelte Persönlichkeit. Die geistigen Zusammenhänge, aus denen heraus der Schreiber des Johannes-Evangeliums schreibt, sind ihnen verborgen. Sie müssen deshalb einen besonderen Wert darauf legen, dass in dem Jesus sich das auslebt, was immer gelebt hat im Judentum, was immer sich fortgepflanzt hat als der durch die Generationen hindurchgehende Gott der Juden: der Gott der Väter. Daher müssen sie sagen: Wenn wir die Abstammung des Jesus von Nazareth verfolgen, müssen wir nachweisen, dass durch ihn das Blut rinnt, das durch die Generationen geronnen ist. So geben sie Geschlechtsregister an.

Matthäus sagt: Wir haben in Jesus von Nazareth einen Menschen vor uns, in dem der Vater Abraham lebt. Sein Blut ist bis zu ihm heruntergekommen. Matthäus steht auf einem materielleren Standpunkt als Lukas, der in seinem Evangelium nachweist, dass man das Blutsband nicht nur bis zu Abraham, sondern noch weiter zurück verfolgen kann – bis zu Adam (Lukas 3,38). Und dann sagt er: «Und Adam war Gottes», das heißt, Adam gehörte der Zeit an, in der die Menschen aus der geistigen Welt in die Leiblichkeit übergegangen sind. Beiden, Matthäus und Lukas, kommt es darauf an zu zeigen, dass dieser zeitliche Jesus voll in dem steht, was sich auf die göttlichen Naturkräfte selbst zurückführen lässt.

Der Schreiber des Johannes-Evangeliums blickt hingegen nicht nur auf das, was im Vater Abraham lebte, sondern er blickt auf das Ewige in jedem Menschen, auf den Urbegriff des Logos, der da heißt: «Ich bin». Früher als alle äußeren Wesenheiten waren, war das Ich bin. Ihm kam es darauf an, zu zeigen: In jedem Augenblick gibt es im Menschen das, was sagen kann: «Ich und der Vater sind eins.» Für Lukas und Matthäus handelt es sich darum, zu zeigen, wie das Blut durch die Generationen herunterrinnt. Es ist ihnen wichtig darzutun, wie dasselbe Blut in Joseph, dem Vater des Jesus von Nazareth, lebt.

Wenn wir ganz esoterisch sprechen könnten – was aber nicht sein kann, weil dies zu den tiefsten Mysterien gehört, die es gibt, würde sich uns die «conceptio immaculata» – die unbefleckte Empfängnis – in ganz anderem Licht darstellen, als dies im gewöhnlichen Sinne geschieht. Das Missverständnis rührt daher, dass darunter verstanden wird, dass keine Vaterschaft da ist. Das ist aber nicht richtig. Es geht um eine viel tiefere Sache.

Die unbefleckte Empfängnis ist im tiefsten Sinne wahr, aber sinnlos ist es, damit das zu verbinden, was sich die Synoptiker zu zeigen bemühen: dass in dem Jesus der alte Gott der Juden lebt. Darum haben Matthäus und Lukas die ganze Genealogie bis zu Gott verfolgt. Sonderbar wäre es aber, wenn sie sich der Auffassung hingeben würden, die Joseph als wichtige Person hinstellt, um ihn dann abzuschieben.

Wir haben es in dem Ereignis von Palästina nicht nur mit der hochentwickelten Persönlichkeit des Jesus von Nazareth zu tun, der eine so hochentwickelte Mutter brauchte, sondern mit einem zweiten Mysterium.

Damals, als Jesus von Nazareth sein 30. Jahr erlebt hatte, war er in seiner Inkarnation so weit gekommen, dass er eine Prozedur vollziehen konnte, die in Ausnahmefällen in der Menschheitsentwicklung von einem hochentwickelten Menschen vollzogen werden kann. Jesus lebte als viergliedriger Mensch wie alle Menschen. Wenn ein Mensch eine gewisse Entwicklungsstufe erreicht hat, ist es möglich,

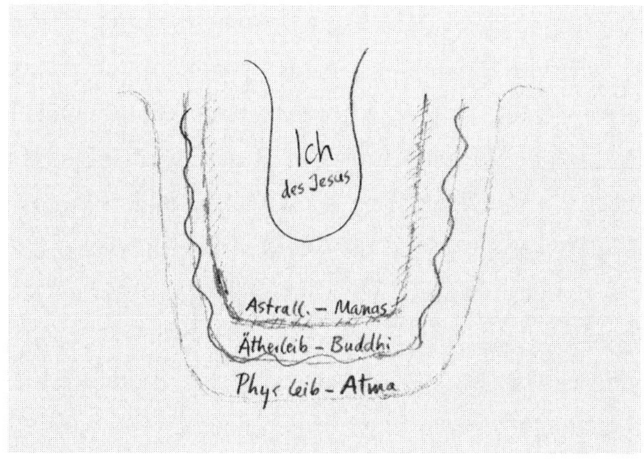

sein Ich aus den drei Leibern herauszuholen. Die drei Leiber werden intakt und heil zurückgelassen und das Ich geht in die geistigen Welten (s. Zeichnung: wie das Jesus-Ich die drei Körper verlässt).

Dieses tritt bei einem solchen Menschen ein, wenn ein besonders hoch entrückter Augenblick da ist. Das Ich geht fort in die geistigen Welten, wenn die drei Leiber so hochentwickelt sind, dass sie ein brauchbares Werkzeug dafür geworden sind, dass eine noch höhere Wesenheit von ihnen Besitz ergreifen kann. Die Wesenheit, die wir «Christus» nennen, konnte nicht in einem gewöhnlichen Kindesleib inkarniert werden. Dazu gehörte ein Leib, der durch ein hochentwickeltes Ich vorbereitet ist.

Die Christus-Wesenheit war vorher nie in der physischen Welt inkarniert, sie ist zum ersten Mal in Jesus von Nazareth verkörpert erschienen. Vom 30. Jahr des Jesus an haben wir es mit dem Christus in dem Jesus von Nazareth zu tun. Was ist da eingetreten?

Die Leiblichkeit, die Jesus zurückgelassen hat, war so reif, so vollendet, dass in sie der Sonnen-Logos, das geistige Wesen der sechs Elohim eindringen konnte. Drei Jahre hat sich der Sonnen-Logos in dieser Leiblichkeit inkarniert. In ihr ist er Fleisch geworden. Der Sonnen-Logos tritt ein – der Heilige Geist, das Welten-Ich tritt ein –, und in den drei Jahren spricht der Sonnen-Logos aus dem Jesus-Körper.

Dieser Vorgang wird durch das Herabkommen der Taube angedeutet, die das Sinnbild des Heiligen Geistes ist. Das esoterische Christentum sagt: Das ist der Augenblick, wo das menschliche Ich den Körper des Jesus verlässt und der Heilige Geist in ihn eintritt, der fortan aus ihm spricht, um zu lehren und zu wirken. Das ist das erste Ereignis: Durch die Taufe haben wir in dem Astral-, Äther- und physischen Leib des Jesus den Christus. Er wirkt darin bis zu dem Mysterium von Golgota.

Das zweite Ereignis geschieht auf Golgota. Wir fassen den Augenblick ins Auge, der der wichtigste ist, in dem das

Blut aus den Wunden des Gekreuzigten fließt. Wir wollen uns das, was da geschieht, durch einen Vergleich klarzumachen versuchen.

Denken wir uns ein Gefäß mit Wasser, in dem Salz aufgelöst ist. Wenn wir das Wasser abkühlen, sinkt das Salz zu Boden, es lagert sich ab, es verdichtet sich. Das ist der Vorgang, der mit dem physischen Auge wahrgenommen wird. Mit dem geistigen Auge sieht man noch etwas anderes. Das Dichterwerden des Salzes kann nur dadurch geschehen, dass der Geist des Salzes es verlässt, nach oben geht und sich ausbreitet. Überall da, wo eine Verdichtung geschieht, geschieht auch eine Vergeistigung. Was nach unten hin geschieht, hat immer ein Gegenbild nach oben.

Wie der Geist des Salzes nach oben geht, was ein physisch unsichtbarer Vorgang ist, so war nicht ein nur physisch sichtbarer Vorgang vorhanden, als das Blut auf Golgota rann, sondern dieser Vorgang war von einem geistigen Geschehen begleitet. Der Heilige Geist, der in diese Körperlichkeit aufgenommen war, verband sich mit der Erde. Der Christus selbst, dessen Blut ausfloss, verband sich mit dem Wesen der Erde.

Das ist das zweite Ereignis: Die astrale Aura der Erde, die der Seher betrachten kann, verändert sich, als der Sonnen-Logos sich ihr mitteilt. Die Erde wird von jetzt an mit dem Sonnen-Logos zusammen sein. Er gibt sich der Erde hin, er schließt ein Bündnis mit ihr und wird zum Geist der Erde. Der Weg zu diesem Vorgang besteht darin, dass in seinem 30. Jahr der Christus in die Leiblichkeit des Jesus eingezogen ist, drei Jahre in ihr gewirkt hat und dann im Tod durch das aus den Wunden fließende Blut bei der Kreuzigung auf Golgota für die Erde erhalten geblieben ist.

Da handelt es sich um das, was als eine Wirkung dieses Ereignisses in dem Menschen stattfinden kann. Nach und nach erhält der Mensch in seinem Astralleib eine geläuterte Anlage im christlichen Sinne. Früher konnte er den Heiligen Geist nicht empfangen, weil keine Jungfrau Sophia da war. Er musste warten bis es etwas gibt, was ihm die Ähnlichmachung ermöglicht, dass er seinen Astralleib zu einer keuschen, reinen Jungfrau Sophia machen und in ihr den Heiligen Geist empfangen kann.

Worin liegt die Kraft zu dieser Vergeistigung? Diese Kraft liegt darin, dass der Christus dem «Jünger, den er lieb hatte» den Auftrag gegeben hat, aus seiner Erleuchtung heraus wahrhaftig und getreulich in seinem Evangelium das niederzuschreiben, was in Palästina geschehen ist, damit der Mensch dessen Kraft auf sich wirken lassen kann (vgl. Römer 1,16: «Denn ich schäme mich des Evangeliums nicht, denn es ist eine Kraft Gottes zum Heil für einen jeden, der daran glaubt»).* Wenn der Mensch die Kraft des Johannes-Evangeliums genügend auf sich wirken lässt, reinigt sich sein Astralleib, sodass für ihn der Weg frei wird, eine reine Jungfrau Sophia zu werden und den Heiligen Geist zu empfangen. Er wird durch die Kraft der Impulse, die vom Johannes-Evangelium ausgehen, empfänglich dafür, dieses erst zu fühlen, mit der Empfindung in sich aufzunehmen, und später dann zu erkennen.

Hat Jesus dem Schreiber des Johannes-Evangeliums diesen Auftrag gegeben? Es steht da (Kap. 19, Vers 26):

> «Da nun Jesus seine Mutter sah und den Jünger dabei stehen, den er lieb hatte, spricht er zu seiner Mutter: Weib, siehe, das ist dein Sohn! Danach spricht er zu dem Jünger: Siehe, das ist deine Mutter. Und von der Stunde an nahm sie der Jünger zu sich.»

Der Jünger nahm zu sich die Mutter Jesu – im Sinne des esoterischen Christentums die Jungfrau Sophia –, das heißt die Kraft, die im menschlichen Astralleib wirkt und ihn befähigt, ein Träger des Heiligen Geistes zu werden. Das heißt, er schrieb das Johannes-Evangelium. Im Johannes-Evangelium selbst haben wir das, in dem der Schreiber die Jungfrau Sophia verborgen hat. Am Kreuz wird ihm der Auftrag zuteil, der wahre Interpret des Christus und seiner Mission zu sein. Und uns wird gesagt: Lebt euch in das Johannes-Evangelium ein, erkennt es geistig. Es hat die Kräfte, euch zur christlichen Katharsis, zur Jungfrau Sophia zu führen. Dann wird euch durch den Heiligen Geist die Erleuchtung zuteil.

Was die intimsten Schüler des Herrn erhalten haben, das war so stark, dass sie die Anlage in sich aufgenommen haben, im Geist zu sehen. Das Sehen im Geist besteht im christlichen Sinne darin, dass der Mensch durch Reinigung und Erleuchtung seinen Astralleib umwandelt. Es braucht nichts Äußerliches da zu sein, nichts Sinnlich-Wahrnehmbares. Er sieht in das Geistige hinein kraft der errungenen Reinigung und Erleuchtung.

Hat es solche intimen Schüler gegeben? Diejenige, die den Jesus in Bethanien gesalbt hatte, hat diese starke Kraft von Golgota bekommen. Sie durfte als Erste wahrnehmen, dass das, was in dem Leib des Jesus gelebt hat – der Christus –, auferstanden ist. Ihr sind die inneren Augen aufgegangen. Es heißt im Johannes-Evangelium (20, 11-18): «Maria Magdalena aber stand vor dem Grab» – und so weiter. Zwei Gestalten sah sie sitzen, die man immer sieht, wenn ein Leichnam länger da ist: auf der einen Seite den Astralleib, auf der anderen Seite den Ätherleib, der sich nach und nach von dem physischen Leib loslöst und in die Ätherwelt übergeht. Das sind zwei Gestalten, die der geistigen Welt angehören. Zwei Engel sah sie – hellsichtig musste sie das sehen, und sie konnte es auch, da sie durch die Kraft des Ereignisses von Golgota hellsichtig geworden war.

Aber sie sah noch mehr: Den Auferstandenen sah sie. War dazu Hellsichtigkeit nötig?, so fragen wir. Trauen wir uns zu, dass wir einen Menschen, den wir ein paar Tage vorher in physischer Gestalt vor uns gesehen haben, dass wir diesen Menschen nicht genau wiedererkennen werden? Wir werden ihn sicherlich wiedererkennen. Aber zum geistigen Sehen gehören geistige Augen, gehört die Hellsichtigkeit. So heißt es (vgl. 20, 14-17): Maria lernt langsam, sich ihrer geistigen Organe bedienen. Nicht nur einmal haben wir dieses Ereignis, auch am See Genezareth und zu Emmaus und so weiter erkennen seine Schüler nicht gleich den Auferstandenen. Sie sind geblendet, ihre Augen sind gehalten (vgl. Lukas 24,16). Diese Worte und noch andere finden wir vor.

Wer geistig sieht, der sieht etwas anderes als das, was er früher physisch gesehen hat. Derjenige, der die Vollkraft von Golgota in sich aufgenommen hatte, konnte den Auferstandenen sehen. Wir kennen aber auch einen Jünger, der weniger begabt war, der dem Herrn weniger nahe stand. Das war Thomas. Er brauchte die leibliche Berührung, um zum Schauen zu dringen. Und es soll versucht werden, ihm zu helfen, sodass er geistsichtig wird. Da heißt es (vgl. 20, 26-29): Wenn du dich von der inneren Kraft durchdringen lässt, die man Glauben nennt, wirst du geistig sehen, denn es ist eine hellsichtige Kraft. Dann brauchst du nicht mehr die materielle Berührung. Selig die, die auch von dem wissen, was sie nicht physisch sehen, was sich nicht mit den äußeren Organen sehen lässt.

Wir haben es im Johannes-Evangelium mit der vollen Realität der Auferstehung zu tun. Verstehen kann sie erst derjenige, der sich mit der inneren Kraft ausstattet, um im Geistigen sehen zu können. Im letzten Kapitel des Johannes-Evangeliums ist auf den intimsten Schüler hingewiesen, auf den Jünger, den der Herr lieb hatte, als auf den Schreiber des Johannes-Evangeliums. Er konnte es dadurch schreiben, dass sich an ihm das Ereignis vollzogen hatte, dass bei der Kreuzigung auf Golgota die Jungfrau Sophia in ihn eingezogen war.

Die anderen, als sie standhalten sollten, konnten es nicht ohne Beihilfe. Sie wussten nicht, dass der, der vor ihnen stand, derselbe war, der früher mit ihnen gelebt hatte. Hier liegt etwas vor, was wir subtil auffassen müssen, was wir nur mit feinster Empfindung begreifen können.

Der grob-materielle Geist vieler Interpreten hat daran gerüttelt. Das Wunder der Auferstehung ist wörtlich zu verstehen. Der Auferstandene ist da, im Sinne des Wortes: «Ich bin bei euch bis an das Ende des Weltalters.» Er wird wiederkommen – nicht in Fleischesgestalt, aber in einer solchen Gestalt, dass die, die sich durch die Kraft des Johannes-Evangeliums entwickelt haben, ihn wahrnehmen können und nicht mehr zweifeln werden.

Das ist die Mission der theosophischen Bewegung: den Teil der Menschheit auf die Wiedererscheinung des Christus vorzubereiten, der sich dazu vorbereiten lassen will. Die welthistorische Bedeutung der theosophischen Bewegung ist, dazu vorzubereiten, dass, wenn im 6. Kulturabschnitt der Christus unter den Menschen in neuer Gestalt erscheint, dass sich dann für einen Teil der Menschheit das vollziehen kann, was in der Hochzeit zu Kana angedeutet ist. So nimmt sich die theosophische Weltanschauung wie eine Testamentsvollstreckerin des Christus aus. Wir werden durch sie zum wahren Christentum geführt, wenn wir die Lehren aufnehmen, die die Theosophie gibt.

Viele sagen, dass das, was sie nicht wissen und nicht sehen, nicht existiert. Das ist auch eine Intoleranz. Und dieses Dogma wird immer größer werden. Durch die Namenchristen droht dem wahren Christentum eine schwere Gefahr. Durch sie wird das Christentum der Theosophie schlimmste Angriffe erfahren. Denn alle Begriffe werden sich wandeln müssen, wenn ein geistiges Verständnis des Christentums kommen soll. Vor allem wird sich die Schulung zur

Jungfrau Sophia immer mehr in die Seelen der Menschen einleben und verstanden werden müssen. Nur die Theosophie kann dahin führen an der Hand des Johannes-Evangeliums, das imstande ist, die Seele immer tiefer in das wahre Christentum einzuführen.

Diese Vorträge sollen nur eine Probe sein, wie die Theosophie in das Johannes-Evangelium einführen kann. Alles zu erschöpfen, was darin enthalten ist, ist unmöglich, im Sinne des Verses (21,25): «Es sind noch viele andere Dinge, die Jesus getan hat. Wenn aber eins nach dem andern aufgeschrieben werden sollte, so würde, meine ich, die Welt die Bücher nicht fassen, die zu schreiben wären.» Der geistige Inhalt des Johannes-Evangeliums ist unerschöpflich und wir müssen uns mit den Andeutungen begnügen, die hier gegeben werden konnten in dem Sinne, dass durch sie das Testament des Christus Jesus in die ganze Menschheitsentwicklung eingeführt werden soll.

Wir müssen fest stehen auf dem Boden des Johannes-Evangeliums und es auf uns wirken lassen. Die Wissenschaft gibt zu, dass sie viele und komplizierte Begriffe hat, aber der Religion und dem Glauben gesteht man dies nicht zu. Man sagt: Er sei nur für die Einfachen und Naiven da. Man stützt sich dabei auf den Spruch: «Selig sind die geistig Armen, denn das Himmelreich ist ihrer.» Dies trifft aber nur so lange zu, als man ihn nicht richtig versteht. Richtig verstanden heißt er: Selig sind die Bettler um den Geist, denn sie finden in sich selbst das Reich der Himmel.

Die Religion identisch mit dem Primitiven, mit dem Einfachen und dem Naiven zu halten, das geht heute nicht mehr. Das sind alte Begriffe, die noch in den Gemütern spuken und die mit der Religion nichts von Wissenschaft verbinden wollen. Sie berufen sich zum Beispiel auf Voltaire, den großen Lehrer des Materialismus, der sagt: Wer da will ein Prophet sein, der muss Glauben finden für das, was er vorbringt; und nur die Einfalt hat den Glauben![*]

Der Theosoph will und soll kein solcher Prophet sein. Er will überhaupt kein Prophet sein. Er beleuchtet die Dinge von immer anderen Seiten. Das ist kein Fehler. Der Prophet will, dass man an ihn glaubt. Die Theosophie aber will nicht zum Glauben, sondern zur Erkenntnis führen. Das Einfache wird geglaubt und ist Sache der Propheten. Das Mannigfaltige will verstanden werden, will erkannt werden. Versuchen wir durch das Mannigfaltige einen Weg zur Erkenntnis zu finden, scheuen wir nicht, vieles herbeizutragen, um das Mannigfaltige zu verstehen.

Die leibliche Mutter Jesu ist der äußere Ausdruck der Jungfrau Sophia, die vom Heiligen Geist überschattet wird. Welche Rolle spielt der leibliche Vater des Jesus? Er ist die Auswirkung des Göttlichen im Blut. Der Christus aber wird gezeugt durch den Heiligen Geist, dessen Sinnbild die Taufe ist. Verstehen wir, dass der Vater des Christus der Heilige Geist genannt wird, weil er in den Jesus den Christus geboren hat, so werden wir diese wichtigste Tatsache von immer neuen Seiten erfassen können.

Die Synoptiker hatten nicht ein so tiefes Bild von den Ereignissen von Palästina wie der Jünger, den der Herr lieb hatte, der Schreiber des Johannes-Evangeliums. Er ist der einzig Maßgebende, und deshalb müssen wir uns zum

Verständnis des Johannes-Evangeliums hinaufschwingen, eingedenk des Wortes, dass jeder dem Geist gleicht, den er begreift (*Faust*). Versuchen wir, das Johannes-Evangelium zu unserer Empfindung zu verdichten, denn es ist nicht bloß eine Lehrschrift, sondern eine Kraft, die nicht nur das enthält, was sie in Worten ausdrückt, sondern auf dem Umweg durch das Wort eine Kraft ist, die die Seele weiterbringt.

Ziehen wir Kraft aus dem Johannes-Evangelium nicht nur intellektuell für den Verstand, sondern fassen wir es so auf, dass wir es zum Gefühl verdichten. Gesinnung soll werden aus dem, was sich aus den Einzelheiten ergibt, die vorgetragen worden sind. Wir müssen verstehen, dass die theosophische Bewegung die Mission hat, die Weisheit des Christentums zur Gesinnung zu erheben. Das Christentum ist erst am Anfang seiner Wirksamkeit. Es wird erst dann seine Sendung erfüllen, wenn es in diesem Sinne aufgefasst wird.*

---

* Die Nachschrift Haase endet mit dem folgenden Spruch, der im Münchner Kongress 1907 in Zusammenhang mit der Jakim- und der Boas-Säule verwendet worden ist:

> Im reinen Gedanken findest du
> Das Selbst, das sich halten kann.
> Wandelst zum Bilde du den Gedanken
> Erlebst du die schaffende Weisheit.
>
> Verdichtest du das Gefühl zum Licht
> Offenbarst du die formende Kraft.
> Verdinglichst du den Willen zum Wesen
> So schaffest du im Welten-Sein.

Hinweise zu einzelnen Stellen
(mit * gekennzeichnet)

Zu S. 17: vgl. *Jesus im neunzehnten Jahrhundert,* von Heinrich Weinel (Tübingen/Leipzig 1903):

> S. 6-7: «Freilich, nicht der Christus der Vergangenheit, der Gottmensch [...] sondern Jesus von Nazareth ist es, zu dem die Männer unserer Zeit wieder kommen mit Fragen nach seinen Antworten auf ihre Sorgen. Lang, lang war dieser schlichte und tapfere Mann in der strahlenden Glorie des Himmelskönigs verborgen [...]».
>
> S. 64: «[...] aus dem Munde des schlichten Mannes von Nazareth [...] Verehrung für den einfachen Menschen Jesus von Nazareth [...]».

Zu S. 94: *Die Entstehung der Bibel.* Von Emil Zittel (Karlsruhe 1872), S. 227-228:

> «Was nun den *Verfasser* unseres Buches betrifft, so tritt uns durch das ganze Evangelium, von Kap. 1,35 an bis zu sämmtlichen Erscheinungen des Auferstandenen ‹der Jünger› entgegen, ‹den Jesus lieb hatte› (13,23, 19,26,27, 20,2, 21,20), eine geheimnißvolle, stille, aber die Aufmerksamkeit des Lesers um so lebhafter erregende Gestalt, ein Musterbild des rein geistigen Christenthums, welches unser Evangelium darlegen will.»

Zittel übersieht, dass in Kap. 1,35 von Johannes dem Täufer die Rede ist, keineswegs vom Verfasser des Johannes-Evangeliums.

Zu S. 101: Dieser Satz heißt in der Wandrey-Nachschrift wörtlich:

> «Das ist das Gebiet der Mischlinge – el Gojem –, dort wo alle möglichen Stämme vermischt wohnen, geht der Christos hin.»

In Jesaja 8,23 heißt es: «das Galiläa der Heiden» (גליל הגוים: Galil haggojim). Die Wurzel גלל (galal) bedeutet rollen, wälzen, zusammenwickeln.

Zu S. 185: Plutarch (*Tischgespräche,* 8. Buch, 2. Frage) stellt die Frage: «In welchem Sinn sagt Platon, dass Gott fortwährend geometrisiert?» Keiner durfte in die platonische Schule aufgenommen werden, der nicht in Mathematik geschult war. Das griechische Wort für Schüler – μαθητής, mathetes – heißt so viel wie «Mathematiker».

Zu S. 189: So schließt die Wandrey-Nachschrift ab. GA 103, S. 167 fügt hinzu: «Dann haben wir ungefähr die Fragen zusammen, die uns morgen in das Zentrum des Johannes-Evangeliums führen sollen.»

Zu S. 201: Der Satz in Klammern dürfte als Hinzufügung des Nachschreibenden verstanden werden.

Zu S. 226: *Goethes Werke,* Dreiunddreißigster Teil, *Naturwissenschaftliche Schriften,* Dritter Band, herausgegeben von Rudolf Steiner, Stuttgart [um 1890], *Entwurf einer Farbenlehre, Einleitung,* S. 88:

> «Das Auge hat sein Dasein dem Licht zu danken. Aus gleichgültigen tierischen Hilfsorganen ruft sich das Licht ein Organ hervor, das seinesgleichen werde, und so bildet sich das Auge am Lichte fürs Licht, damit das innere Licht dem äußeren entgegentrete.
>
> Hierbei erinnern wir uns der alten ionischen Schule, welche mit so großer Bedeutsamkeit immer wiederholte, nur von Gleichem werde Gleiches erkannt, wie auch der Worte eines alten Mystikers, die wir in deutschen Reimen folgendermaßen ausdrücken möchten:
>
> Wär' nicht das Auge sonnenhaft,
> Wie könnten wir das Licht erblicken?
> Lebt' nicht in uns des Gottes eigne Kraft,
> Wie könnt' uns Göttliches entzücken?»

Zu S. 236: Der Satz in Klammern ist vom Nachschreibenden hinzugefügt. Genau genommen spricht Rudolf Steiner vom Johannes-Evangelium, nicht vom «Evangelium» im Allgemeinen.

Zu S. 242: vgl. *Voltaire. Sechs Vorträge* von David Friedrich Strauß (Leipzig 1870), S. 261-262:

> «In Sachen der Religion, hatte Voltaire schon bei anderer Gelegenheit gesagt, begründet allemal die Schwärmerei den Bau, aber die Klugheit vollendet ihn. Was Jesus betrifft, so muß, nach Voltaire, selbst sein Feind zugestehen, daß er die seltene Eigenschaft gehabt hat, Schüler an sich zu ziehen. ... Man muß sich bei denen in Respect setzen, deren Führer man sein will; es ist unmöglich, sich Glauben zu verschaffen, wenn man geringgeschätzt wird. ... Ich möchte wagen, sagt Voltaire, ihn einen ländlichen Sokrates zu nennen. Beide predigten Moral, ohne bestimmten Beruf; beide hatten Schüler und hatten Feinde; beide führten harte Reden gegen die Priester ihres Volkes, und beide wurden hingerichtet. ... Ein Mensch, der den Propheten macht, kann Tollheiten reden oder thun, daß man ihn anbinden sollte: das schadet ihm nichts ...»

Textvergleich aus dem 5. Vortrag

(s. S. 108-110)

Wandrey	GA 103
… wie sie die Menschenseelen vorbereiteten, auf die Zukunft, die unsere Gegenwart ist, so arbeiten wir in der Theosophie um vorzubereiten für die nächste Epoche.	(S. 96) Wir aber arbeiten in der Geiste wissenschaft, um die nächste Epoche vorzubereite **Denn würde unsere Epoche nicht da sein, so wü de die nächste eben auch nicht kommen. Ab auch keiner darf die Gegenwart mit der Z kunft entschuldigen. Auch mit der Reinkarn tionslehre wird da viel Unfug getrieben. Es sir mir Menschen vorgekommen, die gesagt habe sie brauchten in ihrer heutigen Inkarnation no keine anständigen Menschen zu sein, dafür hä ten sie noch später Zeit. Wenn man aber heu damit nicht beginnt, dann wird die Folge dav gerade in der nächsten Inkarnation eintreten**
Wir müssen uns klar machen daß es etwas Absolutes in der *Form* der Wahrheit nicht giebt, da jede Form von Erkenntnis der jeweiligen Entwickelungsstufe der Menschheit entspricht.	So müssen wir uns klar sein, daß es etwas A solutes in den Formen der Wahrheit nicht gil sondern daß jedesmal das erkannt wird, was e ner gewissen Epoche der Menschheit entsprich **Es mußte sozusagen der höchste Impuls herunte steigen bis zu den Lebensgewohnheiten der dama**
Der Jesus Christus muß sagen: Der gewaltige Impuls der da kommen wird, das, was meine Mission im Geiste ist, wird sein, daß die Menschheit durch die Tiefe geführt werden muß u. dann zurück kommen wird zu dem, was symbolisiert wird durch die Wassertaufe. Wir müssen jetzt nicht zelotisch am Wasser festhalten; dasjenige was durch das Wasser symbolisiert wird, das wird durch den Geist später geboten. Das sind Berührung fäden (?). Christus verwandelt das Wasser in Wein	**gen Zeit. Denn er mußte das, was höchste Wahrh ist, in die Worte und die Verrichtungen kleiden, w che dem Verständnis der betreffenden Epoche ang messen waren.** So mußte der Christus durch eine A Dionysos- oder Weinopfer sagen, wie die Mensc heit sich zur Gottheit erheben solle. Man darf nic zelotisch sagen: Warum verwandelt Christus das Wa ser in Wein? Es muß die Zeit berücksichtigt werde **Durch eine Art Dionysosopfer mußte Christ vorbereiten das, was kommen sollte. Christ** geht zu den Galiläern, **die zusammengewürf sind aus allerlei Nationen, die nicht durch Blu bande verknüpft sind, und tut da** das erste Z chen seiner Mission; **und** er schickt sich **so weit** ihre Lebensgewohnheiten, daß er ihnen das Wass in Wein verwandelt.
zum Zeugnis, daß er da ist für die Menschenkinder, die ganz hinabgestiegen sind in die Materie;– Er geht hin zu den Galiläern, er schickt sich in ihre Lebensgewohnheiten.– Es mußte der höchste Wahrheitsimpuls bis zu den phys. Gewohnheiten der Menschen hinabsteigen; Er zeigt ihnen das erste Zeichen seiner Mission, in dem er das Wasser *selbst in den Reinigungskrügen* in Wein verwandelt.	Halten wir fest, was der Christus da eigentli sagen will: Ich will **auch** diejenigen Menschen einem geistigen Zusammenhange füh(S. 97)ren, c herabgestiegen sind bis zu der Stufe von Materialit welche durch das Weintrinken symbolisiert wi Und er will **nicht nur** für solche da sein, die dur das Symbol der Wassertaufe sich erheben könne
Das ist sehr bedeutsam,	Es ist sehr bedeutsam, daß wir geradezu dara hingewiesen werden,
daß hier 6 Reinigungskrüge stehen.	daß hier sechs Reinigungskrüge stehen (2, Auf die Zahl kommen wir noch einmal zurüc
Reinigung ist dasjenige was durch die Taufe bewirkt wird. Man sprach in jenen Zeiten eigentlich, wenn man die Tatsache des Taufens ausdrücken wollte nur vom *Taufen,* niemals sprach man das Wort *Taufe* aus, sondern …	«Reinigung» ist das, was durch die Taufe bewi wird. Man sprach in den Zeiten, aus denen d Evangelium herstammt, wenn man die Tatsac des Taufens ausdrückte, vom «Taufen» als von ner Reinigung. Man sprach aber niemals eigentli das Wort «Taufe» aus, sondern …

Nachwort

Immer wieder hat Rudolf Steiner auf die Bedeutung des Johannes-Evangeliums für die Entwicklung des Menschen hingewiesen. Über kein Thema hat er so viele Vortragsreihen gehalten wie über diesen Text. Wiederholt sagt er, dass jedes Wort auf die Goldwaage gelegt werden muss, um in seinem richtigen Gewicht gewürdigt zu werden. Diese Ausgabe ist eine Jahrhundertausgabe. Hundert Jahre, nachdem diese Vorträge gehalten wurden, hat der Materialismus, die Fixierung auf die sinnlich wahrnehmbare Seite des Daseins, das Denken und die Herzen unzähliger Menschen noch weiter abgestumpft. Das kann das Leben mit den hier dargestellten Gedanken umso mehr zu einer Erfahrung der Heilung machen.

Vierzehn Jahre bevor Rudolf Steiner diese Vorträge gehalten hat, veröffentlichte er seine *Philosophie der Freiheit*. Auch wenn dieses Buch auf den ersten Blick dem Johannes-Evangelium gegenüber grundverschieden erscheinen mag, sind beide Texte doch urverwandt. Beide sind in zwei gleiche Teile geteilt: In beiden handelt der erste Teil von der Erkenntnis-Intuition, wodurch der Mensch, kraft des Denkens, eine bestehende Welt erfasst; in beiden handelt der zweite Teil von der moralischen Intuition, wodurch das Individuum kraft der Liebe eine entstehende Welt erschafft.

Der erste Teil des Johannes-Evangeliums beginnt mit dem Prolog, einem feierlichen Umriss der Entwicklung mit dem Brennpunkt im «Logos», was griechisch sowohl Wort wie auch Sinn bedeutet. Eine treffende deutsche Übersetzung dafür ist: «Gedanken-Monismus», wie Rudolf Steiner den ersten Teil seiner *Philosophie der Freiheit* nennt. Gedanken-Monismus oder Logos will sagen: Die Welt ist auf Vernunft gebaut, ihr liegt göttliches Denken zugrunde. Und der Mensch ist als denkender Geist bestens ausgestattet, um den Gedankenorganismus der Welt sich zu eigen zu machen, ihn in die ureigenste Schöpfung des menschlichen Denkens zu verwandeln. «Der Logos ist

Fleisch geworden», heißt es im Prolog des Johannes-Evangeliums. Und die *Philosophie der Freiheit* übersetzt für den heutigen Menschen: Die Gedanken des schöpferischen Geistes sind in allen Dingen der Welt sinnlich wahrnehmbar geworden. Die Summe des Wahrnehmbaren ist die Summe des Denkbaren: Das fleischgewordene göttliche Wort feiert im Denken des Menschen die ewige Auferstehung des Fleisches. Die christliche Wandlung ist die logoshafte, ganz und gar «logische» Wandlung jeder Wahrnehmung in einen Begriff. Kraft des Denkens wandelt der Mensch sich selbst zunehmend von einem Geschöpf zu einem Mitschöpfer.

Der zweite Teil des Johannes-Evangeliums folgt der Auferweckung des Lazarus, die diesen dazu befähigt, von der umfassenden moralischen Fantasie des Christus-Wesens zu berichten, das durch die Liebestat seines Todes und seiner Auferstehung den Wiederaufstieg aller Menschen zum Geist eingeleitet hat. Entsprechend nennt Rudolf Steiner den zweiten Teil seiner *Philosophie der Freiheit* «ethischen Individualismus»: Jeder Mensch als einzigartiges Individuum, als einmaliges Ich ist dazu berufen, aus der Fantasie der Liebe moralische Intuitionen zu fassen, Handlungsweisen zu entwerfen und auszuführen, die einmalig sind. Neben «Logos» (gr. λόγος) ist der andere Name des Christus im Johannes-Evangelium: «Ich bin» (gr. ἐγὼ εἰμί, ego eimi). Darin verbirgt sich die Berufung des Menschen zum einmaligen Ich, das aus der Selbstständigkeit des Denkens und aus der Freiheit der Liebe heraus handelt. Die Summe des moralisch Guten ist für den Menschen die Verwirklichung des Ich: Der zu werden, den sich der Logos in der Fantasie seiner Liebe bei der Erschaffung seines Ich ausgedacht hat – als unverzichtbares Glied im Gedankenorganismus der Welt, im Liebesorganismus der Menschheit.

Es mag manchen überraschen, dass im Schlussvortrag, wo vom Johannes-Evangelium als Übungsbuch für die innere Entwicklung des Menschen die Rede ist, nachdrücklich auf die *Philosophie der Freiheit* hingewiesen wird. Die Aussage ist so unüberhörbar wie unerhört: Dieselbe Aufgabe, die das Johannes-Evangelium für die Entwicklung des Christentums erfüllt, kann ein Buch wie die *Philosophie der Freiheit* in der modernen, naturwissenschaftlich geschulten Menschheit erfüllen. Es ist die Berufung, Gefühl und Wille, Seele und Körper so zu läutern, dass sie zu Dienern des reinen Logosdenkens, der reinen Liebe des Ich-Geistes gemacht werden. So findet im Ideell-Individuellen der menschlichen Freiheit die Logik der göttlichen Liebe zum Menschen ihre Erfüllung.

Das Christentum war in seinen ersten zweitausend Jahren dazu bestimmt, der Menschheit auf dem Weg in den tiefsten Materialismus zur Seite zu stehen. Das ist der Auftrag, den der Christus dem Petrus gab, das ist die Mission des «petrinischen» Christentums: die Menschheit bis zur tiefsten Verbindung mit der mineralischen Welt – Petrus heißt Fels, Stein – zu begleiten. Nur im Ringen mit dem härtesten Widerstand, mit der stärksten Gegenkraft, kann der Mensch die volle Kraft des Ich entfalten. So fragt Petrus am Schluss des Johannes-Evangeliums nach der Aufgabe des Jüngers, «den der Herr lieb hatte», worauf der Christus antwortet: Dieser Jünger soll bis zu seiner geistigen Wiederkunft warten. Das Johannes-Evangelium soll seine stärkste Kraft da entfalten, wo es darum geht, die letzte Vermaterialisierung des Menschengeistes zu überwinden, die härteste Versteinerung des Menschenherzens aufzulösen.

Ist es nicht symptomatisch, dass Papst Benedikt XVI. als Nachfolger des Petrus das Buch *Jesus von Nazareth* geschrieben hat, das zur Zeit Nr. 1 auf der *Spiegel*-Bestsellerliste ist und in dem er sich als fehlbaren Menschen gleich allen anderen darstellt? Im Vorwort schreibt Joseph Ratzinger: *«Gewiss brauche ich nicht eigens zu sagen, dass dieses Buch in keiner Weise ein lehramtlicher Akt ist, sondern einzig Ausdruck meines persönlichen Suchens ... Es steht daher jedermann frei, mir zu widersprechen.»* (S.22). Es fällt dem modernen Menschen vielleicht gar nicht mehr auf, dass dieses Papst-Buch im Titel nur den menschlichen Träger des Christus, Jesus von Nazareth, führt, nicht den Christus selbst, den Mensch gewordenen göttlich-kosmischen Geist. Wenn man sich in diese Vorträge Rudolf Steiners vertieft, in denen der Logos, der Christus, von Anfang bis Ende im Mittelpunkt steht, kann man geradezu erschüttert sein im Angesicht des geistigen Todes des materialistisch gewordenen Christentums. Man kann den Entschluss fassen, der Menschheit zuliebe mit allen Kräften daran zu wirken, dass dieser Tod in eine Auferstehung verwandelt wird.

Gleich im ersten Vortrag führt Rudolf Steiner aus, dass es zum Materialismus gehört, alles gleichzumachen, alle Menschen nur als gleich sehen zu wollen. Freilich, wenn man nur das Äußerliche in Betracht zieht, dann haben alle Menschen auf gleiche Weise zwei Augen, eine Nase, zwei Hände und so weiter. Eine falsch verstandene Toleranz ist gegenüber jedem Unterschied in der Entwicklungsstufe des Bewusstseins, in der inneren Größe, so intolerant geworden, dass sie jeden Hinweis auf solche objektiven Unterschiede als diskriminierend oder gar als rassistisch hinstellt. Wie kann man unter solchen Vorzeichen das Johannes-Evangelium überhaupt ernst nehmen, das von Anfang an den Logos als ein Wesen betrachtet, das turmhoch alle Menschen überragt, weil es die letzte Entwicklungsperspektive jedes einzelnen Menschengeistes verkörpert! Und wie kann die heutige, alles verflachende Menschheit einen Rudolf Steiner anerkennen, der unverblümt erklärt, keine einzige Wahrheit irgendeiner Urkunde zu entnehmen, sondern sich alles aus eigener Forschung im Geistigen zu erringen, um erst im Nachhinein das selbstständig Erlangte mit dem Überlieferten zu vergleichen!

Viel ist in diesen Vorträgen vom «Ich bin» die Rede, vom Namen, der Moses zuerst geoffenbart wurde: «Sage deinen Leuten, der ‹Ich bin› hat dir den Auftrag gegeben, sie aus Ägypten hinauszuführen.» Der Gottesname Jahve (hebr. יהוה, Ich-bin) sowie die Formel: «Ich bin der Ich-bin» (hebr.: ehjeh ascher ehjeh, אהיה אשר אהיה, 2. Buch Mose 3,14) bedeuten: «Mein Name ist ‹Ich bin›: Ich bin derselbe, der ich war, der ich bin und der ich sein werde.» Es wird damit auf das Mysterium der Ich-Werdung des Menschen hingewiesen. Ein Ich-Wesen zu sein heißt, in der sich erinnernden, seiner selbst innewerdenden Gegenwart des Geistes das Vergangene als vom eigenen Ich vollbracht zu verantworten und das Zukünftige wiederum als Entwurf der eigenen Ich-Werdung zu erfassen. Die Gleichzeitigkeit von Vergangenheit und Zukunft in der ewigen Gegenwart des Geistes ist die Ureigenschaft des göttlichen Schöpfers selbst. Es ist das Leben in der Welt der Dauer, jenseits von Raum und Zeit.

Aristoteles übersetzt «ehjeh ascher ehjeh: Ich bin der ‹Ich bin›» mit: «ὁ λόγος τοῦ τί ἦν εἶναι» (ho logos tou ti en einai, Metaph.V2:1013a,27), was etwa heißt: der Sinn, der Seinsgrund des Sich-gleich-Bleibens, des dauerhaften Soseins – was er auch Form-Ursache nennt. So wie die Sinnidentität des Gehirns der Gesamtzusammenhang des Organismus in seiner «Wechseldauer» (Goethe) ist, so erhält jedes menschliche Ich seine bleibende Identität vom Geistesorganismus der Menschheit. Diese «Form-Ursache» des einzelnen Menschen wird durch Bewusstwerdung seiner selbst vonseiten des Ich zunehmend auch zur «Wirk-Ursache», zur ersten Ursache schlechthin, die das Wesen des schöpferischen Geistes ausmacht. Der Ich-begabte Geist ist immer erste Ursache von Denk- und Willensakten; er ist niemals Wirkung. Und so wie durch Vertiefung der Ich-Kräfte die Form- und die Wirkursache eins werden, so werden durch deren Erweiterung die erste Materie-Ursache und die letzte Ziel-Ursache der menschlichen Entwicklung eins. Rudolf Steiner führt in diesen Vorträgen aus: Der Logos vom Urbeginn, das ewige Feuer der göttlichen Liebe, schuf im Anfang einen physischen Menschenkörper, der nur aus Wärme bestand; das letzte Ziel der Erdentwicklung, die Mission der Erde ist es, das Feuer der Liebe im einzelnen Menschen zu entfachen.

Ein Ich zu sein bedeutet zugleich, ein *Bewusstsein* davon zu haben, dass man ein Ich ist, dass man selbstständig denken und frei handeln kann. Für Fichte, den Philosophen des Ich, setzt das Ich sich selbst – aber in Wirklichkeit setzt das menschliche Ich die Erkenntnis, das heißt das Bewusstsein des Ich. Das Wesen des selbstbewussten Ich kündigte sich schon bei den alten Ägyptern im Bild zu Sais an, in der verschleierten Isis mit der Inschrift: «Ich bin die Vergangenheit, die Gegenwart und die Zukunft; meinen Schleier hat noch kein Sterblicher gelüftet.» In seinen *Lehrlingen zu Sais* ruft Novalis aus: *«... wenn kein Sterblicher ... den Schleier hebt, so müssen wir Unsterbliche zu werden suchen ...»* Nur das selbstbewusste Ich, nur der schöpferische Geist kann dieses Geheimnis lüften, weil er selbst dieses Geheimnis ist. So kann jeder Mensch als Geschöpf des göttlichen Logos von sich sagen: Ich bin ewig als denkender Geist; so kann jedes Ich als Geschöpf des kosmischen «Ich bin» sagen: Ich bin ewig dank der unsterblichen Liebe.

Ein Jahrhundert ist vergangen, seitdem in der Menschheit die Worte dieser Vorträge erklungen sind. Diese Inhalte scheinen mir wie kaum etwas anderes in der heutigen Menschheit dazu angetan, die innere Kraft des Menschen zu stärken. Wieder und wieder hat Rudolf Steiner darauf hingewiesen, dass die Zukunft der Menschheit ganz davon abhängt, ob es eine genügend große Anzahl von Menschen geben wird, die individuelle Verantwortung für die Geschicke von Mensch und Erde auf sich nehmen. Solche Menschen kann es überall auf der Welt geben, jeder Mensch kann in sich die Kraft finden, das Rückgrat der Erkenntnis aufzurichten und das Blut der Liebe strömen zu lassen, ganz gleich, in welchem Volk er geboren ist, ganz gleich, welcher Schicht der Gesellschaft er angehört. Dieses Buch geht in die Welt, vom tiefsten Herzenswunsch begleitet, es möge zur geistigen Nahrung und zur seelischen Heilung für viele werden, zur Anfeuerung für Taten der Menschlichkeit und der Liebe.

Pietro Archiati
(für die 1. Auflage 2007)

Zu dieser Ausgabe

Der vorliegenden Ausgabe liegt die Klartextnachschrift eines Stenogramms zugrunde, das auf Camilla Wandrey zurückgeführt wird. Die Nachschrift ist von verschiedenen Menschen abgeschrieben worden, darunter Julius Haase. Zu Beginn jedes Vortrags ist die erste Seite faksimiliert wiedergegeben.

Eine zweite, maschinengeschriebene Nachschrift, die der 1. Auflage zugrunde gelegt war, geht auf Max Hübner zurück. Sie nimmt sich wie eine erste Redaktion der Wandrey-Fassung aus. Eine Abschrift davon hat Eliza von Moltke erstellt (s. S. 156), die 300 schön handgeschriebene Seiten umfasst. Sie ist ausnahmsweise dem ersten Teil des 8. Vortrags zugrunde gelegt.

Eine dritte Fassung ist die des ersten Manuskriptdrucks 1909 (Zyklus 3). Sie wurde von Walter Vegelahn erstellt, der für seine Freizügigkeit im Umgang mit dem Wortlaut Rudolf Steiners bekannt ist. Sie ist später für die Rudolf Steiner Gesamtausgabe (GA), Bibl.-Nr. 103 – Rudolf Steiner, *Das Johannes-Evangelium* – verwendet worden.

Ein eingehendes, jahrelanges Studium der unterschiedlichsten Nachschriften der Vorträge Rudolf Steiners bis zum 1. Weltkrieg hat ergeben, dass der GA-Text in der Regel eine starke Bearbeitung darstellt. Dies ist exemplarisch in: Rudolf Steiner, *Von Ost nach West – Schlussvortrag* (Rudolf Steiner Ausgaben 2019) dokumentiert. Was die vorliegende Ausgabe betrifft, s. auch die Textvergleiche S. 193 und S. 246.

Die folgende Tabelle veranschaulicht den Unterschied der drei Fassungen in Bezug auf den Umfang (Anzahl der Wörter) und die Art der Anrede («wir»/«Sie»):

	Anzahl der Wörter	«wir»/«Sie»
Wandrey	ca. **51.423**	ca. 665/**20**
Hübner	ca. 63.184	ca. 664/248
GA 103	ca. **68.414**	ca. 676/**271**

Ein Beispiel des Schwankens zwischen «wir» und «Sie» ist in GA 103 der Anfang des 10. Vortrags: Er enthält 2-mal: «Sie haben … gesehen …» und gleich danach 10-mal: «Wir haben ... gesehen/darauf hingewiesen/charakterisiert». Eine solche Ungereimtheit dürfte schwerlich auf den Redner zurückzuführen sein.

Die Zeichnungen auf S. 98 und S. 233, die nicht in GA 103 enthalten sind, stammen aus den Klartextübertragungen. Die Zitate aus dem Johannes-Evangelium führen nur Kapitel und Verse an – in der Fassung der Revidierten Luther-Bibel von 1984. Für das Zitat auf S. 67 s. GA 41a, S. 80. Das Wort «Golgatha» wird angepasst an die ältere aramäische Lautfolge – «golgolta», Schädel –, die durch die Wiederholung der Silbe mit gleichem Vokal die Rundung des Schädels ausdrückt. Solche Wortprägungen waren in der alten Zeit geläufig – so in purpur, turtur, barbar, murmur, wie auch noch im deutschen Kerker.

Titel, Inhaltsangaben und Hinweise stammen vom Redakteur. Alle Textunterlagen, die den *Rudolf Steiner Ausgaben* vorliegen, findet der Leser auf der Webseite des Verlages faksimiliert wiedergegeben.

Fachausdrücke der Geisteswissenschaft

Entwicklung von Erde und Mensch

7 planetarische Zustände der Erde:	1. Saturn-, 2. Sonnen-, 3. Monderde, 4. Erde (jetziger Planet), 5. Jupiter-, 6. Venus-, 7. Vulkanerde
7 geologische Zeiten der jetzigen Erde:	1. Polarische, 2. hyperboreische, 3. lemurische Erdzeit 4. atlantische Erdzeit 5. nachatlantische (die jetzige), 6., 7. Erdzeit
7 Kulturperioden der «nachatlantischen» Zeit (je 2160 Jahre):	1. Indische, 2. persische, 3. ägypt.-chaldäische Kulturper.; 4. griech.-römische Kulturperiode (747 v.–1413 n.Chr.); 5. (unsere) Kulturper. (1413–3573 n.Chr.); 6. u. 7. Kulturper.

Das Wesen des Menschen

3 Körper-Hüllen:	1. Physischer Körper 2. Ätherischer Körper, Ätherleib, Bildekräfteleib 3. Astralischer Körper, Astralleib, Empfindungsleib
3 Seelen-Kräfte:	1. Empfindungsseele 2. Gemüts- oder Verstandesseele 3. Bewusstseinsseele
3 Geistes-Glieder:	1. Geistselbst (höheres Ich) 2. Lebensgeist 3. Geistesmensch
Aus 9 wird 7:	1. Physischer Leib, 2. Ätherleib, 3. Astralleib, 4. Ich, 5. Geistselbst, 6. Lebensgeist, 7. Geistesmensch

Dreiheit in Mensch und Welt

Geistige Wesen:	«Luzifer»	«Christus»	«Ahriman»
Evangelium:	Diabolos	Streben nach Gleich-gewicht	Satanas
Geistig:	Spiritualismus		Materialismus
Seelisch:	Schwärmerei		Pedanterie
Physisch:	Entzündung		Sklerose
Moralisch:	hemmend	fördernd	hemmend

Naturelemente

Ätherwelt:	Wärmeäther	Lichtäther	Ton-/Zahlenäther	Lebensäther
Phys. Welt:	Wärme	Luft	Wasser	Erde
Unternatur:	Schwerkraft	Elektrizität	Magnetismus	Atomkraft
Naturgeister:	Salamander	Sylphen	Undinen	Gnomen

Stufen der Einweihung

1. Imagination:	Bilder sehen – in der Akasha-Chronik (Ätherwelt)
2. Inspiration:	Worte hören – in der Seelenwelt (Astralwelt)
3. Intuition:	Wesen erkennen – in der geistigen Welt (Devachan)

Rudolf Steiner (1861-1925) ergänzt die moderne Naturwissenschaft durch eine umfassende Geisteswissenschaft, die Anthroposophie, die in der heutigen Kultur eine einzigartige Herausforderung zur Überwindung des Materialismus ist, der die Menschheit in den Untergang zu führen droht.

Die Anthroposophie hat ihre Fruchtbarkeit vor allem in der Erneuerung verschiedener Lebensbereiche gezeigt: der Erziehung, der Medizin, der Kunst, der Landwirtschaft. Der Wahrheitsgehalt der Geisteswissenschaft lag Rudolf Steiner ganz besonders am Herzen, weil er in ihm den Inspirations- und Kraftquell für alle äußere Tätigkeit sah.

Von den Vorträgen Rudolf Steiners sind Klartextübertragungen und Nachschriften unterschiedlicher Qualität erhalten. Die Vorträge lagen bis vor Kurzem überwiegend in einer stark bearbeiteten Fassung vor. Die ursprünglichen Klartextübertragungen, die zu Beginn des 21. Jahrhunderts der Öffentlichkeit zugänglich gemacht worden sind, machen es möglich, dem von Rudolf Steiner gesprochenen Wort näherzukommen.